U0535920

关乎天下

中小企业赢的秘诀

关明生 著

中信出版集团 | 北京

图书在版编目（CIP）数据

关乎天下：中小企业赢的秘诀 / 关明生著 . -- 北京：中信出版社，2022.7（2023.8 重印）
ISBN 978-7-5217-4372-2

Ⅰ.①关… Ⅱ.①关… Ⅲ.①中小企业－企业管理－研究－中国 Ⅳ.① F279.243

中国版本图书馆 CIP 数据核字（2022）第 077870 号

关乎天下——中小企业赢的秘诀
著者： 关明生
出版发行：中信出版集团股份有限公司
（北京市朝阳区东三环北路 27 号嘉铭中心 邮编 100020）
承印者： 宝蕾元仁浩（天津）印刷有限公司

开本：880mm×1230mm 1/32 印张：6 字数：71 千字
版次：2022 年 7 月第 1 版 印次：2023 年 8 月第 12 次印刷
书号：ISBN 978–7–5217–4372–2
定价：48.00 元

版权所有·侵权必究
如有印刷、装订问题，本公司负责调换。
服务热线：400-600-8099
投稿邮箱：author@citicpub.com

目录

再版序 *5*

原版序 *9*

阅读建议 *13*

壹·天下篇

（一）打天下 003

（二）企业有道 008

（三）正确地做正确的事 012

（四）谁是你的刘伯温 017

（五）正规军变阵 021

（六）通往业绩文化的第一步 025

贰·领袖管理篇

（七）效率与效力 031

（八）认清领袖与管理者 035

（九）像飞鹰的领袖 039

（十）在浴室创业 045

（十一）战斗力 051

（十二）"明星"与"野狗" 056

（十三）以"六脉神剑"划分员工 060

叁·谋略篇

（十四）企业如何渡危机——阿里巴巴个案研究（上）067

（十五）坚持到最后就是胜利——阿里巴巴个案研究（下）071

（十六）瞄准长处——康师傅方便面个案研究 076

（十七）有所为有所不为——Dell、ZARA 个案研究 080

（十八）田忌赛马之策略 084

肆 · 销售篇

（十九）选择合格的潜在客户 091

（二十）耕种还是狩猎 095

（二十一）停不了的收割 099

（二十二）许下可实现的期望 103

（二十三）销售九部曲 108

（二十四）多听少说的销售员 112

（二十五）销售心理战 116

伍 · 个人篇

（二十六）个人打天下 123

（二十七）通过别人拿结果 127

（二十八）善用个人时间 131

（二十九）个人提升的 S 曲线 136

（三十）不要贱卖自己 141

陆 · 总结篇

（三十一）选择的自由 149

（三十二）愿有多大，路有多长 153

再版序

我从阿里首席运营官的位置上退下来后,应友人的邀请在期刊上撰写管理杂谈,结合了我过去数十年的管理生涯,尤有与阿里伙伴们一起从揭竿而起到打天下获得阶段性胜利的一些心得。这些连续的文章写的越来越有兴味,结集出版成为《关乎天下》的册子。

这本书率先在阿里的校友当中引起反响。这十多年来从阿里毕业出去的同学成千上万,他们中绝大多数秉承阿里的精神,在自己的天地里面奋斗创新成为中流砥柱。大家时常相聚时,都会谈起在阿里共同走过的时光,受到的影响。我也很开心自己在他们的生命中留下了些许印记。

此番再版，主要有两个缘由。

第一，是原版库存越来越少，阿里校友们的呼声越来越高。多年来，很多阿里校友离开之后成为带领团队打天下的干将。既然是创事业，少不了几番折腾，于是结合在阿里的工作经验，在书中既能找到很好的案例回忆，又能够获得与之相适应的方法论。有阿里校友说越读越有味道，简洁明白，值得所有的中小企业老板好好读，尤其是从初创到快速成长这段时间，基本都能在书中找到理论框架和方法论。于是就有热心的阿里校友张罗着要再版。

第二，这十数年来社会发生了巨大的变化，行业的格局也发生了巨大的变化，近几年因为新冠肺炎疫情的缘故，各行各业都遭到了冲击。但恰恰在热捧退却以后，到底是否为客户、为社会创造价值，到底有否带好团队发展生意发展人，到了考量基本功和检验真经的时候。我这十几年来辅导过数百家创业企业和它们的高管团队，会发现无论时代怎么变化、技术怎么发展，大道至简，我们依然要去问最基本的问题。这基本的问题主要来自两方面，一方面是我们的初心是什么，也就是我们为什么创立这个企业，我们从何而来，我们要到何处而去，我们如何凝聚团队。这个是企业文化的问题。第二方面就是我们的策略和领袖力。策略关乎如何去赢，而不仅仅是做，更不是盲目模仿和在社会大潮中随波逐流；领袖力则关乎如何通过他人拿结果。现在的社会越来越依靠社会分工，一个人纵有绝世英才，也只有靠一群人才能走得更远。而把这两者在日常经营实践中结合落地的，毫无疑问，销售管理是非常重要的体现。我辅导过的很多创始人或CEO（首席执行官）普遍心累身累。大家提到最累的事情，基本都和销售管理相关。我计划在《关乎天下》的第二部"老板篇"中，和大家分享这十多年来的一些典型咨询案例。将会对销售管理，包括生意管理和团队管理做更为细致的解剖。这是我15年来的一个心愿，也是对各位带队打天下的"老板"朋友的承诺，敬请期待。

最后，感谢淘课集团的秦俐女士（Jessie Qin）组织了本次再版工作。感谢我的家人和孩子们一直以来给我的支持，没有他们，我很难有这样的事业收获。感谢这15年的岁月和所有有缘人，感谢与所有带领团队打天下的领袖们的相逢相知和携手共进。

做企业就是打天下。而这份能撑起天下的雄心、意志和实践，需要我们不断传承，历久弥新。

很希望疫情赶快平复，能和大家相聚。今年是虎年，祝大家虎年大吉，虎虎生威。

关明生

2022 年 2 月

原版序

2005年初，我从阿里巴巴总裁职务上退下来，邂逅香港才库媒体集团主席刘竹坚先生（C. K. Lau），这是缘分。刘竹坚先生适逢把业务从香港扩展至上海，打造新的天下，开拓人力招聘市场的新江山。他邀请我在上海新出版的招聘刊物 *Corner Office* 上撰写专栏，谈谈企业管理及业务发展的经验，"关乎天下"这个小方格开始萌芽。

打天下，借用古时帝王打江山之意，今日的中小企业老板，同样需要广招精兵，组织计划，在商场战胜敌人，赢取江山。"关乎天下"这个专栏，后来愈写愈有兴味，最后积累成篇，出版成书，这亦是缘分。

"关乎天下"所谈的，是我过去多年在大企业从事管理工作得到的经验。不少管理理论，在阿里巴巴工作的数年间，得到充分的实战机会，我把心中的理论一一付诸实践，并获得成果。这个理论与实践的印证，我将要在书中跟大家分享。

简要来说，本书的分享对象、目标读者是在商场上打天下的中小企业老板。在此，我希望以阿里巴巴的心得跟中小企业领袖切磋切磋。阿里巴巴成立之初，只有 18 名员工，通过 5 年的努力，已经发展成拥有约 3000 名员工的企业。从开始烧钱率极高的危机，到今天每年收入超过 10 亿人民币的成就，个中经验不为外人道。在书中，我要跟诸君共谈这个过程中把理念付诸实践的挑战。

能够有机会协助阿里巴巴的首席执行官马云先生，从带领 18 人揭竿起义走到今天的成就，我深感荣幸。亦因为这个经验，我坚信每家中小企，无论目前遇到什么困难，只要掌握打天下的秘诀，亦有机会天下尽得。阿里巴巴可以做得到的，其他中小企一样可以。

这本书之可以出版，刘竹坚先生功不可没，此书全赖他的鼎力支持，没有他，这本书不能诞生。还得多谢马云先生、阿里巴巴的所有员工、阿里巴巴的客户以及我所碰过的各个中小企老板。没有这些人的帮助，我的理念得不到实践的机会，我感激，能够有机会向他们学习。当然，还得感谢香港 Recruit 总编辑蔡清锦小姐及高级记者区可屏小姐，他们为"关乎天下"的命名，为本书付出的功劳，我确实深感谢意。

不得不提，我深心里很想多谢的，是我太太。在阿里巴巴工作的日子，无论时间与精神，投入都非常多。我的好太太全力地支持、义无反顾地体谅，令我感动，我需要认真地向她说一声：感谢。

办企业如打天下，诸君如何赢江山，此书抛砖引玉，盼各方高手多多指正。

关明生

2005 年 5 月 10 日

阅读建议

秦俐

淘课集团 CEO

22 年前,关明生先生是我在阿里的领导,彼时他是 COO(首席运营官),我是一个团队的负责人,只带几个兵,彼时的阿里也只有几百号人。作为第一批 AMDP(阿里巴巴管理发展计划)的成员,我对企业经营管理的理解在那个时候得到了启蒙。那批人,算是阿里走向正规军的"星星之火",关先生是我们的老师和课程督学(当然,马老师也坐在后面做总督学)。

那是一个风云诡谲的年代，中国的互联网概念被重创，身边充斥着"阿里到底能坚持多久"的声音，大家凭着一腔热血在这个新鲜的领域冲杀，激情有余，章法全无。我很庆幸在那个浪漫和莽撞交织的年龄，遇上了一位一招一式有章法、举手投足有激情的领导。那一段时光非常拮据，公司却拿出一大笔银子让我们学习。现在回过头来看，"星星之火"已然燎原。马总的高瞻远瞩、关先生的身体力行，不仅为日后的阿里培养了得力干将，也几乎给整个早期互联网行业打造了一个"黄埔军校"的雏形，更是为"中小企业的成长和发展，如何打天下"提供了一个绝佳的样板。

离开阿里以后，我作为创始人之一创办淘课集团，致力于提高企业的组织学习力、成为企业首选的学习成长伙伴。关先生作为我的天使投资人和战略顾问，既是睿智严谨的前辈和导师，也是亲密合作的工作伙伴。每隔一段时间，他就会对我们的策略和领导力进行检查和辅导，各种耳提面命。在后来近10年间，他又每年带领亨利商学院的国际EMBA（高级管理人员工商管理硕士），来我们公司做案例研究和考察。同时，我也会受邀参与关先生操盘的一些企业咨询案，负责其中的管理发展部分。客户当中既有初期的创业公司，又有遇到沟坎的独角兽企业，多年下来，他们当中，有的有了很大的变化和成长，有的也消失在了时代的烟尘里。

和关先生一起工作和学习，接受他的指导，是我的荣幸，也让我受益匪浅。在这个过程中，我既是一个创业者和领导者，置身其中带领团队打天下，又是一个观察者和研究者，看到了不少其他的企业家如何打天下。其间的坎坷或坦途，成功或失败，壮丽又隽永；其中企业经营管理的真知灼见、必然规律，也沉淀在了关先生的著作《关乎天下》这本书中。

这是一本我非常喜欢的管理书，小巧简约，旁征博引，明白晓畅，我反复研读。以下，我结合自己的经营实践，以及有机会和关先生共同工作、聆听到的关先生的教诲和各种演讲，谈谈对于《关乎天下》的理解，并尝试给出一些阅读建议，供大家开卷参考。

以我的心得，关先生的《关乎天下》在三个方面非常有力量。

第一，重视"道"；第二，重视领袖的修炼；第三，重视价值兑现的必经之路——销售管理。

下面我就展开说说。

首先，最有力量的是重视"道"。

这里的道有两层含义。第一层，指得道多助，失道寡助的"道"，即企业文化，也就是我们常说的愿景目标，使命和价值观。不少企业经营过一段时间，还总觉得企业文化是挂在墙上的口号，而实际上它就是企业的初心，是企业经营漫漫征途中的灯塔，也是我们遇到困难时夜空中那颗最亮的星。

愿景目标主要用来描述企业的身份——我是谁？我想成为什么样的企业？是企业的长远目标。关先生在本书中提到"人要立远志，企业也要有大志"，它回答的是身份问题，也描述了企业的定位，比如"我们追求成为活102年的好公司"，再比如"成为全球性的超级娱乐公司"。但是，这个身份可能也就是一个标签，就像长辈们经常说的"你是谁，是看你做什么，而不是看你标榜什么"——身份、愿景目标的实现，是要通过使命的践行来达成的。

使命是企业的整体价值主张，也就是企业为社会、为客户做什么，创造什么价值，带来什么好处，以达成企业的愿景目标。它回答的是"我为何存在"的意义问题。既然如此，使命的描述要尽量提炼表达得既准确又有感召力。阿里对使命的描述是"让天下没有难做的生意"。早期阿里的B2B（企业对企业）服务，目标客户主要是那些做外贸生意的企业，他们能从阿里的服务中获得的价值就是"更便捷、更可靠的商机询盘"，让对外贸易变得简单。"让天下没有难做的生意"，这个使命的描述既简约又有很好的感召力。在此指引下，阿里聚集了一批志同道合的人共赴使命，并且有各种产品和服务的创新，于是经年累月成长为一个电商帝国。在关先生和我所介入的企业文化咨询案当中，不少企业有非常好的产品或服务，也做了不少有意义的事情，但在做产品选择或业务扩张的时候缺乏主心骨，导致企业上下凝聚不足。出现这种情况，多是因为在使命提炼的准确性和感召力上，欠了火候。再加上不少企业提炼愿景使命时缺乏团队与老板的碰撞和参与，而"唯有参与，才有认同"，所以在全员共识上力量较弱，在面临选择的时候就缺乏定见，这是很令人惋惜的事情。

什么是价值观呢？不少企业的价值观会有诸如"诚信务实、开放进取"之类特别动人的关乎品格的表述，我们也可以认为价值观是企业品格和气质的一种表达，但是这些"虚泛"的词是不足以帮助我们养成某种品格的，唯有当它体现在行为上，而这种行为蔚然成风的时候，这样的品格和气质才能形成。所以关先生早年在阿里梳理价值观的时候，就反复向阿里人传达：价值观是一种游戏规则。他倡导并主持修订了价值观的每一条行为规范细则，而且还分层分级，使之可观察可测量。比如阿里的"客户第一"价值观：2分是微笑面对投诉和受到的委屈，并且依然积极为客户解决问题；那么到了5分就需要让服务意识更加超前，可以防患于未然，也就是不出现投诉——这是最高的表现。主管会打分评价，员工也会自评，对于分值的解读能够变成双方很好的沟通途径。关先生反复强调：价值观定义为一种游戏规则，它是"诛行为"的，而不是"诛心"的，要避免盲目的道德评判；价值观使员工在面对选择的时候，能够自动自发做出符合公司调性的决定，而不仅仅是一个好口号。从这个意义上来讲，当我们有了行为规范和游戏规则，价值观就更容易模仿和传承，慢慢就会变成员工的本能选择，而不仅仅是挂在墙上的宣传语了。

在对价值观行为规范细化方面，关先生不仅特别重视认知统一，而且还把它引入绩效考核，实实在在地产生"真金白银"的奖惩。这在本书"领袖管理篇"的十三章"以'六脉神剑'划分员工"中有详述。关先生也把这样的操作引入不少企业的"文化建设"咨询案中。我们也确实看到，这样细致的认知统一、落地闭环的评估考核，给企业带来了非常好的变化。

企业价值观的打磨和准确提炼，还有一个非常重要的考量标准，那就是价值观的方方面面要能反映出三重关系：我们和未来的关系（价值观会如何影响我们的策略，如何对待我们的生意和事业）；我们和伙伴的关系（我们如何对待同事，如何做好团队发展）；我们和客户的关系（我们如何对待客户，把客户放在什么位置）。比如，"追求美和卓越，创新无止境"回答了如何对待生意和事业；"教学相长，平凡人也可以成就非凡"回答了如何对待同事伙伴；"客户第一"回答了如何对待客户。然后再把具体的行为要求用可观察可衡量的细节描述放在相关价值观条目的行为规范中,如前述 1-5 分的分层分级。这样清晰又全面的归类和描述,一定会推动企业领袖和管理者们,对企业的品格和原则给出积极的答案,让企业的团队更纯粹、更团结、更全身心地奔赴使命。

值得关注的是,关于企业文化的这些真知灼见,并不被很多的企业家和创始人深刻认知,所以就难以在企业中形成强有力的凝聚力和相关的"味道",因此就出现了"墙上文化"。很多企业都会羡慕阿里有"阿里味",其实,能被"闻味道",前提是企业本身对这个味道要有所定义和传播,否则别人如何能够识别?

这样的现象并不只发生在初创企业中,有一些借助时代大潮或创始人天赋异禀、靠产品创新崛起的企业,发展到一定阶段,可能会因为精神内核缺失,或者没有从上到下达成一致而遭受一些损失和挫败,比如重要高管的出走,核心团队行事方式上的严重分歧等。关先生曾经辅导过的一家著名企业就遇到过类似困境。这位成功的创始人是技术天才出身,在谈及所谓礼崩乐坏让他痛心也警醒的时候，打了一个很形象的比方。他说，我这么多年一直在游泳，游到急流中间，有漩涡有暗涌，很多人走散了，不少家当没了，游了那么远，对岸到底是什么？自己到底图什么？发出这种感慨，他并非仅仅是说自己作为 CEO 的能力不足，而是在带领大队人马成就事业的过程中，模糊了做事业的初心和精神内核，也未曾仔细想过同路人之间应该如何联结和伴随。在夜深人静和蓦然回首的时候才发现，这些问题并没有一个具象的定义或切实的答案。哪有征程皆坦途？一山又一山，一关又一关，关关难过关关过，靠的必须是这些经过灵魂拷问的明确共识！只有这样，才能真正凝聚一批初心一致、意志坚定的人，企业才能克服困难走向一个又一个胜利。

无论是在阿里做 COO 和总裁的时候，还是之后辅导中小企业 CEO 的时候，关先生对企业文化、对"道"都非常重视，他不仅用自己深厚的理论功底给大家阐述清楚了企业文化的内涵，还用大量的工作坊、研讨、制度设定，推动企业核心团队真正地想透彻这些问题。由关先生辅导过的企业，无论后来的走向是什么，这个过程都成为"打天下"的领袖们宝贵的精神财富。

关先生对这部分内容的阐述，在本书"天下篇"的第一章和第二章。在本书的"领袖管理篇"，第十二章和第十三章，也谈到了价值观是如何影响员工考核的。大家阅读的时候可以对照查看。

再谈"道"的第二层含义，这个"道"是道理的道，指的是《关乎天下》整本书的理论框架（参见内文 004 页图 1-1），即道、谋、断、人、阵、法，对应当前企业经营的七层模型。这是一个完整的企业治理理论框架，既简明清晰，又非常有说服力。

> 企业有道，有大志，做有意义的事才能凝聚人——**愿景，使命，价值观**。
>
> 领袖有**策略**，知道怎么去赢；还要有**计划**，知道先做什么再做什么，怎么去执行。
>
> 为了这个策略和执行，企业需要有相关适岗的人，要**培训和发展**。

还要排兵布阵，用合理的**组织结构**支持高效增值的工作流程。

支持上面的合理运转，需要有严明的**奖罚**，对标检查，不断评估迭代。

以上过程循环往复，企业就能脚踏实地的向我们的愿景目标靠近。

整个金字塔模型层层堆叠，上层指导下层，下层支持上层。整个企业经营的过程，就是动态保持上下一致的过程。建议大家在阅读这本书的时候，能时常回顾这个框架，以方便记忆，推进理解，融会贯通。

以上，就是关于重视"道"的两层内涵，即 重视企业文化，重视整体经营框架。

下面讲关先生的《关乎天下》非常有力量的第二个方面——重视领袖的修炼。

当然了，领袖修炼中最重要的就是企业文化建设，这是企业的精神内核。上述内容已经很多，不再重复。领袖在生意上最重要的修炼，是策略和领袖力。

什么是策略？关先生根据他在阿里以及十几年来跟很多创业公司经营团队打交道的经验，简明地指出：策略就是要懂得如何去赢，而不是懂得如何去做。

懂得如何去赢，就是在企业发展的每一个阶段，都坚持去做正确的事，知己知彼，有所为有所不为。所谓"知己"就是问：我们有没有清晰界定我们的目标客户，深入了解客户的需求，并且知道自己在什么方面有能力给客户提供他们想要的价值？所谓"知彼"是问：我们凭什么提供给客户优于竞争对手的价值？知道哪些是别人的强势，不去硬拼；知道哪些是别人的弱势，以分清敌我形势集中火力在对手最弱的地方下锤。基于各个阶段赢的思想，最终制定合理的目标，实现有所为有所不为。当年阿里在快烧断现金流的时候，为了集中资源活下去，实现了三个 B to C（Back to China, Back to Coast, Back to Central，即回到中国，回到沿海，回到中央）以裁员节流，同时又开始在可以有立足之地的 B2B 市场上，选择了更加细分的市场去竞争，去开源，砍掉了多种产品，集中资源把"中国供应商"用地推部队搞起来。这些举措都是知己知彼、有所为有所不为的体现。这方面的一些理论工具在本书"天下篇"第三章"正确地做正确的事"部分有讲解，在"谋略篇"中有"阿里巴巴个案研究"。同时，也有其他丰富的故事阐述。

我见过很多创业者创业之初抱着雄心壮志，做事却头绪不清，要么急躁冒进急于求成，要么谨小慎微拘泥于稳妥。这些都是沉醉于"做"，而没有想清楚如何去"赢"的表现。所以，胜兵求胜，而后求战；败兵求战，而后求胜。想好到底如何去赢而不是如何去做，是领袖带领团队打胜仗的前提。

领袖的第二项重要修炼关乎于人际能力，即领袖力。关先生非常生动地指出，所谓卓越的领袖力，就是要通过别人拿结果。

创业之初，因为资源有限，团队的能力也有限，我经常亲力亲为。每次接到关先生的电话，我不是在机场就是在高铁。他总是在电话那头问我：你一日千里，你到底是谁？你是个 CEO 还是一个高级顾问？后来关先生又派他的助手对我一周工作安排进行了跟踪，这位助手每隔 15 分钟过来看一下我在做什么，然后记录下来。经过统计，我们发现我大部分的时间都花在了写解决方案、和客户开会以及交付项目上。当时关先生带领伦敦亨利商学院的 EMBA 来考察的时候，当着所有学生的面举了我这个例子，然后问大家：你们觉得 Jessie（我的英文名）到底是一个高级顾问还是一个 CEO？答案不言而喻。当时，这样让我难堪的问题也引起了我深深的反思：我如何才能不让自己成为企业的天花板或者瓶颈？我如何才能培养更多优秀的人，并且能够带领他们，通过他们拿结果？所以，我的大部分时间应该花在带领团队、与人沟通和训练团队上，而不是自己冲在一线。

这样的误区，大家应该都很熟悉，它是我们每一位创业者和领导者刚开始时必须面对的功课——你已经不是一个人在奋斗了，你的成长不是只和你自己相关，也和你的团队相关。而你最大的成长就是把成就感和训练有素留给你的团队，而不是留给你自己。只有这样，才能集众人之力在奔向愿景目标和践行使命的路上，走得更快更远。

对此，本书在"领袖管理篇"有详尽的论述，在"个人篇"第二十七章也有强调。"通过别人拿结果"是每一个带团队打天下的人，都要反复自我强调的核心要义。

《关乎天下》这本书非常有力量的第三个方面是重视价值兑现的必经之路——销售管理。

销售团队是企业产品价值传递的重要践行者。如果我们管不好销售，不能提升销售额，那么无论是以产品创新作为核心竞争力，还是以精益管理作为核心竞争力，价值兑现之路都走不远。

关先生是阿里铁军的奠基人。早期阿里在集中兵力攻坚"中国供应商"的时候，是用地推模式去卖互联网产品的。看上去那么"不网络"的商业模式，硬是通过严谨又有活力的销售管理，打造了一支销售铁军，不仅为阿里 B2B 的崛起奠定了坚实的基础，更为整个互联网行业培养了一批销售管理人才。

销售管理的核心思想就是"发展生意，发展人"，具体包括以下两个方面。

第一，"发展生意"就是找到一个合理的销售漏斗：选择合格的潜在客户，将客户分层分类，有针对性地"耕种"或"狩猎"。在本书"销售篇"的第十九至第二十一章有所阐述。

第二，"发展人"就是要带领一支不断勇攀高峰的销售队伍：销售主管首先要放下自己的"高手快感"，要通过团队拿结果，要让一些偶然的成功尽量变成必然的成长。所以，对于已经实战检验过的销售章法和技巧，必须形成套路和规范，让大家都掌握。本书"销售篇"的第二十二至第二十五章，很好地概括了早期阿里"地推"时的销售技巧。虽然时代在变，其中的机理和智慧并没有变。

带领销售团队的过程，也是不断精进"选拔—培训—教带—业绩管理—奖惩"的过程。其中既有机制和系统建设，又有激发平凡人成就不凡事的团队建设，包括：靠谱的销售预测是让直接承担结果的前线定目标；主管和政委持之以恒地进行抚平拔尖和共识建设；重视目标、直面现实也重视成长的 PDCA 扒皮会、转换飞轮和经验分享，推崇"今天最高的成绩是明天最低的目标"；精神物质双管齐下的激励政策。阿里铁军的快速成长就是以上内容的鲜活案例。

现在很多中小企业老板非常累，心累身累——请了一大堆人最后还是自己做。如何让老板不再那么累，用章法和系统去成就事业，这些关于销售团队管理的精彩内容将会在《关乎天下》第二部"老板篇"中重点阐述。大家敬请期待。

以上是我总结的《关乎天下》能够带给读者的三种力量。大家在读这本书的时候会发现，关先生学贯中西，对历史故事的讲述也非常精到，让你在津津有味地阅读的同时也不断思考。我建议大家和自己的团队或志同道合的好友共读这本书并进行交流，相信你们会与相关故事产生共鸣。

这本书在淘课网有一套音频课程，便于你在开车或者跑步的时候听。音频是由我朗读的，当时在播音室里录制这本书的时候，我边读边感慨：世界上最有力量的东西，往往也是最简约、最生动的。

希望大家无论是读还是听这本书,都能够重温身为企业家或领导者的内心动力。带领团队打天下、赢天下,不是为了炫耀和征服,而是为了能够有更多的优秀企业家和优秀企业,走在为苍生谋福祉的正确道路上。所谓人生一世,要做有意义的事,爱值得爱的人!与您共勉。

2022 年 2 月

壹・天下篇

（一）打天下

古时帝王打天下，先有道，后有谋，再配人才阵势，天下尽得。现代人打造企业，欠目标，缺策略，生意即生即灭。其实，企业有天下，个人亦然，两者互相配合，天下才在脚下。

打天下，话分两头。公司有天下，个人亦然。公司的天下，从最基础的运作，到最远大的目标，缺一不可；个人的天下，从个人努力，到驾驭群雄，独领风骚，层次亦不同。

1.1 企业打天下

从企业打天下谈起,非借古代智慧不可,借以对照今日表述。从企业金字塔看,企业的天下,以"道"为最高层次。所谓"道",以今日的用语,即愿景目标(Vision)、使命(Mission)与价值观(Values)。此三者,足以影响企业的长远发展,统称企业文化(Corporate Culture)。

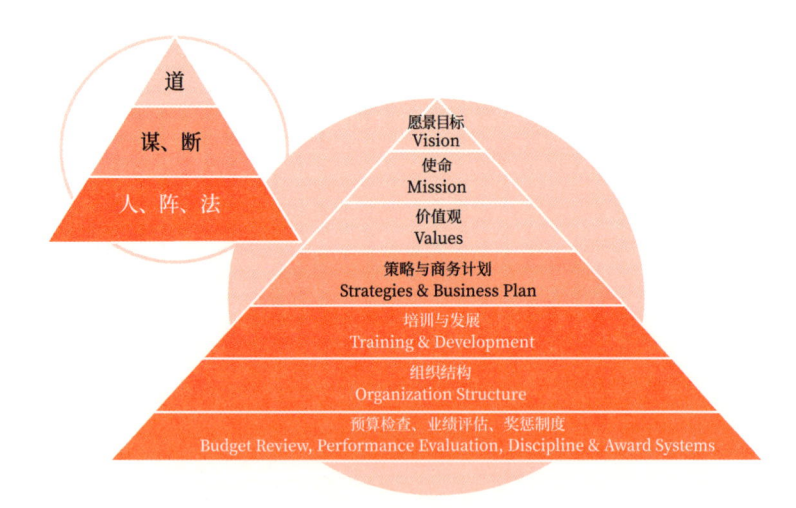

图 1-1 企业打天下金字塔及古今对照

订立这个长远目标与使命，目光绝不能短，放眼应是50年，甚或上百年之计。一个企业的目标与使命断断不能只着眼一个"钱"字。单单为赚钱的员工，可以为你带来财富，同时亦可以把那个财路过档给别人，这种人欠归属，留不住。相反，一个高举"道"的企业，当能保住有宏见的员工，为你卖命。

至于企业的价值观，即所谓游戏规则，一般公司并不明言，我却认为绝对要清楚表白，让所有员工都知晓。举个例子，每家公司总有业绩高却没有价值观、不守规矩的"野狗"，从我管理阿里巴巴的经验，必须要把这些"野狗"高调地"枪毙"，才能杀一儆百。

金字塔中层的"谋"，即策略（Strategies）；"断"，即行动，或商务计划（Business Plan）。两者是企业短期的计策，关乎整体的生存与发展。

最基层的"人"，指培训与发展（Training & Development），企业的"道""谋""断"需要培训团队理解和认同，没有培训，人才就没进步，企业就没发展。"阵"是组织结构

(Organization Structure)，就像《射雕英雄传》的变阵一样，企业要有应变强的组织能力，让团队根据"道""谋""断"高效分工合作。"法"则是诚信和规章，不论企业还是员工，都要行而有信，这就得靠预算检查、业绩评估及奖惩制度（Budget Review, Performance Evaluation, Discipline & Award Systems）。

1.2 个人打天下

至于个人的天下，最低层次的就是自己干。一般打工的，一生如是，自己做自己的专业工作。上一级，是"通过别人拿结果"，一般管理阶层理应如此。不过，有很多人以为成了"职业管理人"，跟下属一起干一起冲，就是所谓"管理"，这些人大错特错。要成为出色的管理层，当要懂授权、重监督、定目标。

管理亦有别于领袖。最高层次的个人天下，自是"影响力"。这些企业领袖，精于指明方向，从变换的商场中找出血路、居安思危。非凡的领袖拥有魅力，人人争着为他卖命效力。

图 1-2　个人打天下金字塔

（二）企业有道

企业的终极追求，应是"道"。用现代的术语讲，是公司的目标、使命以及价值观，亦即企业文化。"道"的最高要求，是仁义。欠仁失义，自当招祸。

同样是企业，为何有的转瞬倒闭，有的却长青不死？关键在"道"。企业应有清晰的目标与使命。没有目标，永远留不住人才。

2.1　企业有大志

人要有大志，企业不例外。以化妆品企业为例，一般员工可在业界随心所欲，随时跳槽过档，不过，企业若标榜一己的不同，如以"美"人为己任，使命是为世上所有女性带来新希望，那么，员工自有使命感，添归属。他们不单纯为赚钱，还与企业有着同一目标。可惜，当今明了"道"的重要之企业并不多见，相反，多少企业往往以金钱为依归，最后下场惨淡。

有的企业由销售支配全公司，销售目标凌驾于其他部门以至整个企业的利益之上，最后必招致倒闭之祸。畅销书《大败局》引秦池酒厂倒闭个案，指秦池为求推高销售业绩，有"川酒入秦池"之弊，结果臭名远播。

此外，亦有企业由销售回报（Return On Sales，简称 ROS）支配全公司，漠视产品、区域及其他长远发展，有损公司整体利益。英国有一家在《财富》世界 500 强排行约 200 名的公司，年销售额曾达 150 亿英镑。可惜公司只顾销售回报，疏忽产品的进取研究，拒绝投放资金走出新发展方向，不出数年，已被其他对手遥遥超越。这些都是不重"道"之过。

2.2　打天下分天下

"道"之最，莫如仁义。孟子见梁惠王，叮嘱仁义之重要，说"未有仁而遗其亲者也，未有义而后其君者也"，"仁义而已矣，何必曰利？"指明仁义利天下，是稳定的要素，亦是游戏规则。

很多企业把游戏规则视作当然，从不张口明言，事实上，把企业规矩开宗明义，实为必要。在阿里巴巴，公司严打销售员"抢单"与贿赂，要求他们群策群力、专注、服务重质与尊重客人等。这些价值观在企业内人所共知。因此，企业中的"野狗"，即业绩高、价值观却很差的员工会被不留情面地开除；而业绩高、价值观也正确的，则授以明星级奖赏。

我们奖励守"仁义"的员工，因为我们知道，老板打天下，得天下，亦要懂得分天下。公司的梦想，不单是老板的梦想，还得是全公司的梦想（Our dream）。公司上下，也得分享这个梦。

总的来说，企业人要胸怀大志（Aim high），"道"要简单与感人（Simple and Infectious）。

以下是我的一个亲身经历。2003 年，中国发生非典型肺炎疫情。阿里巴巴杭州总部一名同事被列作疑似个案，需要隔离，写字楼随即被封闭。不出 6 个小时，杭州总部 600 多名同事全部把电脑搬回家中，继续无间断地为客户如常服务，达两星期之久。员工没有令客户失望，唯一的原因，就是大家与企业坚信同一目标与使命——顾客为先。我致电同事的家里，得悉连她爸爸也来帮忙接电话，我差点哭了，亦深忖"道"的重要。

愿景目标、使命、价值观
Vision, Mission, Values

方向
游戏规则
企业文化

图 2-1　企业的"道"

（三）正确地做正确的事

企业打天下，要有"道"，即所谓目标、使命与价值观。然而，有道无计，犹如空谈。"谋"与"断"，是为打天下的不二法门。

"谋"，是做正确的事（Do the right thing）；"断"，则指正确地做事（Do things right）。先要搞清所做何事，然后付诸实践，把事情做好（Do things well）。

3.1 做与不做的谋略

做正确的事，并选定优先次序（Priorities），就叫"谋"（Strategy）。用现代词汇谈，就是要有商业计划，要有商场策略。

举个例子，朱元璋打天下，未知先取张士诚抑或陈友谅。刘伯温献谋，指进攻何人，先要洞悉另一方的反应。张士诚为保既得利益，只会隔岸观火，如有机会则浑水摸鱼；但陈友谅的目标同样志在天下，一定会趁机前后夹攻，不战胜，不罢休。权衡轻重，以先打陈友谅为上策。朱元璋听计，战后一统天下。

再看赵匡胤，他的谋就是分清先后，先攻南再打北，最后成宋朝开国君。这就是说，谋略要讲区分（Differentiation），看大形势，分析敌我力量。

这里举另一案例。在法国，有一个集团要投资开一间平价酒店，开业前先分析当地一星级及二星级酒店各种设备装置（见图 3-1）。由于成本有限，不可能提供二星级酒店的所有设施，于是决定重点出击，只提供二星级酒店应有的清洁、舒适床铺及安静环境，却以一星级酒店的价钱做招徕。最后，该集团在三年内占领当地一、二星级酒店的市场达75%，这叫谋略。

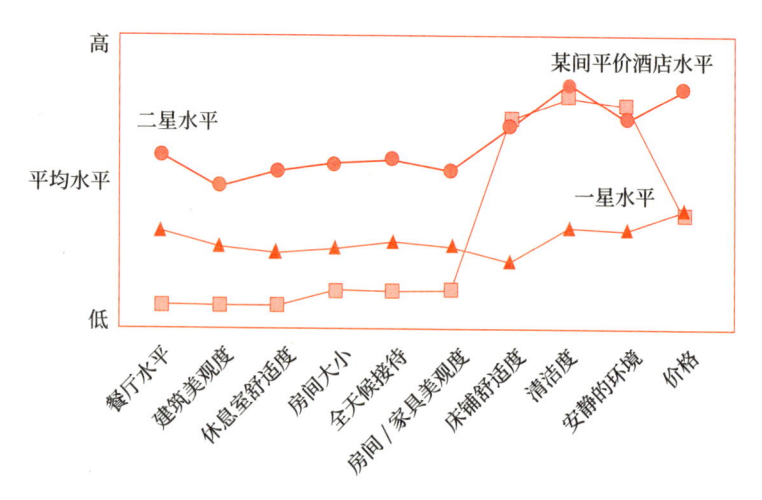

图 3-1　法国某地一星级及二星级酒店设备装置示意图

资料来源：长江商学院曾鸣教授

有时，领导者问的问题并不是要干什么，而是不应干什么。

假如你是小集团的销售员，要跟百万大军的财团开战，自不能缺乏谋略。最重要的，是分清敌我形势，集中火力，以一己之优战他人之众，针对对手最弱的地方下锤，战胜有望。

3.2　孟尝君独排众议

知道什么是正确的事,就得正确地去做,此为"断"。首先,要有清晰的判断。

孟尝君门下食客三千,其一名冯谖,曾以食无鱼、出无车,弹铗而歌,孟尝君闻而特加礼遇。有一天,冯谖自告奋勇为孟尝君收债于薛城,却召债主焚其券,使薛民皆感孟尝君之德。冯谖说这叫"市恩",是替孟尝君买了个恩德。其他食客得悉,都劝谏要把冯谖辞去,孟尝君却独排众议,立下判断,留下冯谖。后来,孟尝君失宠,被迫逃难,救济他的,正是这个他曾施恩的封邑,最后孟尝君亦是从此封邑卷土重来。由此可见,掌权的要擅长判断,要拥有非一般的触觉,这是企业的原动力。

立下判断,就得执行,最忌犹豫,并要进退有据(Offensive & Defensive)。《吴子兵法》有云,"用兵之害,犹豫最大;三军之灾,生于狐疑"。试看往战场跑的士兵,从来就只有怕死的死掉,不怕死的反而留下。《吴子兵法》中说,"凡兵战之场，立尸之地，必死则生，幸生则死"。军人远征前跟帝王见面，不是说再见，而是拜别。打天下的，就要把所有精力投放进去，去冲去闯，反而得利；否则，犹豫未决，退退缩缩，必死无疑。

（四）谁是你的刘伯温

用人唯才，量才而用，人所共知，说易却行难。实际上，应如何了解人才？如何作出评核？以下是我的实战经验。

用人，要先问的是这些人才在哪里？如何开发人才？如何给予人才发展的机会？

4.1 六脉神剑

谁是你的张良、萧何与刘伯温？这是每个企业家必问之题。百万大军，如何发力？最重要的，是发展员工的潜质。

企业家万不能忌才,反过来说,上位后第一桩要问的,应该是:"谁可接班?"这说来奇怪,实际上,管理阶层最大的满足感,应该是来自每位员工的水平节节上升。当企业家有接班人,懂放权,把实务放手给下属去干,才有时间思考大方向与长目标。

现代人谈培训与发展(Training & Development),两者其实二合为一。所谓培训,最终目的就是人才得以发展。问题是,如何得悉人才的发展?这个就得靠观察员工的行为和蜕变。一个人才,从认知(Information)到蜕变(Transformation),就叫发展。行为的蜕变可以量化,帮助理解员工有没有进步。

我在阿里巴巴电子商务网站管理人才,有一招"六脉神剑",就是为员工的行为定下明确的规则。我们要求员工要以顾客为第一、拥抱变化、要有团队精神、有激情、有专业表现及诚信。这六大天条,不是说过就算,而是白纸黑字的指标。"六脉神剑"的每一剑,都细分成五个等级,最高为5分,最低为1分,每个员工都要接受考核评审。行为有蜕变、渐达指标,表示进步,是企业中的明星;相反,久久徘徊于低级次,不上进,我们不会留情,心是仁慈刀是利。

4.2 叫出员工的名字

以下谈谈我的个人经验。要发挥人才潜力,起码要先把人才认出来,能够叫出对方的名字。我每天早上都会跟每个员工击掌,把他们每一个人的名字喊出来,这个过程差不多花掉两个小时,但这很值得,因为员工会觉得高层的关心直接落到员工个人的身上。

为了鼓舞第一个销售额满 100 万元的销售员,我以他的名字写了一首打油诗。谁知,他竟以文回赠,同样以打油诗写出一己感受。这个打油诗方式出奇地在企业成为气候。同事间不时以打油诗互相鼓励、诉说面对的困难、对工作的期望等。后来,更有员工为了得到我下笔的打油诗,锐意冲破种种障碍,突破 100 万元销售额,赢得我为他执笔的奖赏。当时,企业气氛一时无两,人人激奋,士气高昂。虽然这些打油诗实不能登大雅之堂,有时亦流于顺口溜,但这个传统却对鼓励员工非常有互动作用。

打油诗是阿里巴巴公司文化的一部分。以下为我们写的第一首诗。

夏末秋初胜未分,各地群雄竞争临。
日进一单黄夫子,百万会员第一人!

Savio 于 2002 年 8 月 22 日

南粤大炮轰轰响,无数老板直叫爽;
阿里春风吹过处,报关出货收钱忙。
顶级团队巧布阵,前锋同仁齐拍掌;
若问全年 TOP 奖,独领风骚定属黄。

黄榕光于 2002 年 8 月 22 日

（五）正规军变阵

前面说过，企业须有道、领导备谋断、人才要培训，言则，道有变化、领导换班、人才尽失，企业岂不成空？非也。上述所言，必建基于"阵"。所谓"阵"，是公司的组织，企业的根基，组织稳健、阵势变通，是为企业必胜之道。

为完成任务而组织起来（Organize your resources to complete your tasks），是为"阵"。勇士起义，乱冲乱打，牺牲难免。此等血肉长城之战，人少还可以，人多了，就不能靠游击战。要率领上万大军勇得天下，必须打正规战。

起义	血肉长城	正规军
Start-up	Guerilla Warfare	Regular Army

图 5-1 企业之"阵"示意图

5.1 变阵

正规军有组织，有战略，得天下胜券在握。企业也一样，员工多，自然要有组织，员工是软件，组织是硬件，有了后者，前者自然有序有列。

不过，正规军也得变通。游击队起义，变动易、调配快，自有其优点。大企业的正规军，若调配难、架构僵，于战场必死无疑。因此，大企业务须效仿游击队的变通。组织起来以后，大企业员工仍然要维持变阵的灵活性，应付不同的战场，此为"阵"的宗旨。《射雕英雄传》内所谈的变阵，就是指这个组织能力。特别是今天的企业，必须根据需要而变化（Evolve with your requirements），调配人手、有秩序地变通，组织力愈强，"阵"的效用愈现。

阿里巴巴电子商务网站曾在2001年做出极大的变阵，才得以在科技网热潮过后依然屹立不倒。当时，面对企业开支不断，我们决定把分布在美国、欧洲、韩国以及中国香港地区的资源重新调配，把基地重新巩固在中国内地的杭州。由于我们紧贴形势，变阵有方，虽然个中经历很多挣扎，最后还是熬了过来，有了今日的成就。阿里巴巴这个渡难关、熬低潮的经过，我在往后的篇幅中会仔细谈及。

5.2　吴子兵法：四轻二重一信

《吴子兵法》所述之"四轻二重一信"，是"阵"的精要。

四轻：地轻马、马轻车、车轻人、人轻战
二重：进有重奖、退有重刑
一信：行之以信

"四轻"为地轻马、马轻车、车轻人、人轻战。明知险易、粮草充足，车轮顺滑、装甲锋锐，不论战马战车或士兵，皆不惧战事，战胜机会倍增。

以今日的销售企业来说，要做到"地轻马"，统帅必须抱有企业大计，展望实际的将来，清楚企业发展的方向，由哪里作为起点，要跑到哪里才为终点，不可含糊，更不要压迫员工走冤枉路。有时，当老板的不可太急，否则走险要的路，代价很大。

要"马轻车"，则要有完善的分佣制度，制度清晰，不用惹来无谓争夺，自然更易达到既定目的地。"车轻人"就像公司的装备，写字楼要有完备的计算机系统，销售人员要有先进的手提计算机。这样，企业上下人人装备丰足，自然"人轻战"，比起同行竞争者，自胜一筹，更易获取客户的信任与赞赏。

"二重"指进有重奖、退有重刑。正如以前所说，我们在阿里巴巴电子商务网站执行严厉的赏罚制度，每年除奖赏出色员工外，还有10%业绩不佳的员工被裁，以示公允。

"信"则是行之以信，企业要有公信、威信及诚信，办不到，视之为失信。

（六）通往业绩文化的第一步

先讲诚信，自有威信，从而建立公信。企业要有诚信，诚信要依赖良好的规章制度、奖罚制度，否则，姑息足以养奸。这是"法"的要诀。

诚信说来容易，要认真执行，很多企业办不到。有的家族企业，偏袒皇亲国戚，欠公道，没公信。这样的企业，未有达到"行之以信"。

《吴子兵法》有云："若法令不明，赏罚不信，金之不止，鼓之不进，虽有百万，何益于用？"可知赏罚不分，鸣锣军队不止，鸣鼓士兵不进，拥百万大军也徒然。孙子的例子却可以说明，坚持公信，才是勇者。

6.1　孙子杀吴王宠妃

话说吴王问孙子，若把嫔妃交给孙子精训，弱质女流能否成精兵？孙子答道，只要皇上赐印，授予赏罚之权，必能把妃子训练成军。吴王授权。孙子于是把嫔妃召来进行军训，不过，两名吴王宠妃却不服军令，屡屡犯规。孙子一再申述军令之重要，可惜宠妃屡劝不改，孙子愤而把自己军袍以剑挥断，以示自责，未能尽统帅之职。后来宠妃依然故我，最后孙子忍无可忍，下军令，斩杀宠妃。

当企业领导的，要像孙子一样，决断地执行公信。如何执行公信？没有比奖罚更能表现组织的公信的了，因此一定要赏励表现出色的，惩罚犯规的员工，这叫绩效考核（Performance Evaluation）。

这个奖罚制度一定要一视同仁，公平公正。比如说，企业的价值观要在各个部门中落实执行，若其中一个部门抵触企业价值观，一定要惩罚，否则其他部门一定不满。比如禁止吸烟，要实行就得全企业严格执行，如果总经理在自己办公室内吸烟，其他同事又被禁烟，就只会惹来公愤。

6.2　姑息可以养奸

所谓见微知著，就算像禁烟一类最微细的事情，企业都不应放松。要记住，姑息可以养奸！当然，领袖是寂寞的，执行起来，要意志独立坚定，丑话先行，虽或惹来不满，但丑话当要说得白。

我在阿里巴巴电子商务网站向同事发过警告信，其中一名同事后来跟我说，很庆幸收到我的警告信，否则根本不知道自己违规，只要我向他表达清楚，他以后就不敢再犯，明白再犯只会落得被辞退的结局。

所以说，绩效考核就是通往业绩文化的第一步。要有考核表现的计分系统，把员工的表现区分开来。区分是关键，把业绩佳的明星区分出来，并好好照顾你企业中的明星。

对于中小型企业来说，把明星区分出来非常重要，以绩效考核的方法把最优秀的20%员工挑选出来，把中坚的70%员工予以保留，表现欠佳的10%淘汰，这看来残酷，实际却可把企业资源集中地用于照顾精英，最后把生产力提高。虽云把在企业里表现不佳的员工放走，但说不定他们在外面会有更好的发展。

企业领导打天下时要不断反思不断内窥，有多少人在每天上班时反省自己，清楚最终的大方向？所以说，"区分、区分、区分"，把优势区分出来。

对小型企业来说，要知己知彼，用人得法，否则，只会像把波音发动机安装在拖拉机上，浪费资源。很多小企业以高薪雇用工商管理硕士，不出一两年又把他们辞去，这叫资源错配。

我一直深信，"止而后能观，静而后能听"，打天下时，诸君不忘细细思考以上所言。

贰·领袖管理篇

（七）效率与效力

上面已把打天下金字塔略略谈过，现在开始闯进企业的最高决策层——领袖与管理者的领域。

一般人误以为领袖就是管理者，管理者亦是领袖，实则大错特错。辨二者之差异前，先论管理企业的两大方法——效率与效力。

7.1　效率是绝对的

根据商业管理学人彼得·德鲁克的理论，管理企业有两种截然不同的方法，其一是效率，是分等级（Hierarchical）、以管理（Managing）为主的；其二是效力，以影响力（Influence）和引导（Leading）为主。

所谓"效率"（Efficiency），它的结构是绝对的，即是说，管理是依据程序，拥有不可违背的规则。以工厂为例，每个员工紧守岗位，一个步骤一个步骤地接力下去，把工序完成，这就是以"效率"为原则的管理法。以效率为原则，可从"正确地做事"（Do things right）中自动得到结果。比如会计、电话销售、白领、工厂，统统都有一套工作流程，工序设计得妥妥当当，可以自动得到接踵而来的结果。

要注意的是，这个程序不可违背。在美国通用电气公司工作时，我有一次被派驻美国总部工作，跑到当地的家具店买家具，当时有两年免息分期付款优惠，店员说付款手续是先要顾客证明身份，我把社会福利证（Social Security Card）取出，他说没相片不行，我把国际驾驶执照取出，对方又说要美国的才有效，加上当时的公司未发给员工证、信用卡又不是该店的联网成员，我们纠缠了近一小时，最后还是以现金一次性付款了事。由此可知，美国企业不少是以"效率"为管理原则的，一切程序不得违背，这样才能确保标准结果自动而来。

7.2 效力是随机应变的

第二个概念是"效力"（Effectiveness）。效力的结构是随机应变，管理者只为员工提供支持。比方说，市场部要构思产品口号，或者设计商徽，这个工作是没有标准答案的，可能设计出 10 个作品，决策者一个也看不上，也可能设计者灵机一动只交出一个作品，领袖就看上了。因此，结果是 80/20，即并非每件事都做，但一定是"做正确的事"（Don't always do everything, but always "do the right thing"）。

这就是效率与效力之异。诸兄必问：两种管理方法，应用哪种？答案是"都要"。不是二选一，而是都要。如何取舍，全赖领袖之决策与判断。

以下表格简列效率与效力之相异。试看，以效率为管理法，以秩序为主，从平庸的人获得可预计的结果，不过，风险是由于程序大于一切，员工必须依从程序办事，切忌把不平凡的人放在此等岗位。效力则以活力为主要特征，可释放创造力，不过由于投资大获益欠保障，好像以千万金额投资的研究及发展部，往往因小事未能配合而毁了好事，风险是大业毁于小事。此时与彼时，应用何策，就得看领袖的判断力。

表 7-1　两种管理的方法

	效率 Efficiency	效力 Effectiveness
主要特征 Chief Attribute	秩序 Order	活力 Vitality
理论 Theory	以平庸的人得到可预计的结果 Mediocrity/Predictable Results	以释放创造力为己任 Creative Energy Liberation
风险 Risks	程序大于一切 Procedures Overgrow Results	大业毁于小事 Tripped Up by Slightest Routines

（八）认清领袖与管理者

领袖与管理者，常被统称为领导层，常人以为是二合为一，实则为天下间最大之谬误。事实上，最好的领袖，与最好的管理者，所要具备的条件可以南辕北辙，只有少数出色的领导层是两者兼备的。

所谓领袖(Leader)与管理者（Manager），其实都是领导层（Leadership）。不过，很多当老板的，往往花费精力在管理上，成为"职业管理人"，完全疏忽了企业在领袖方面的要求。且看图8-1。

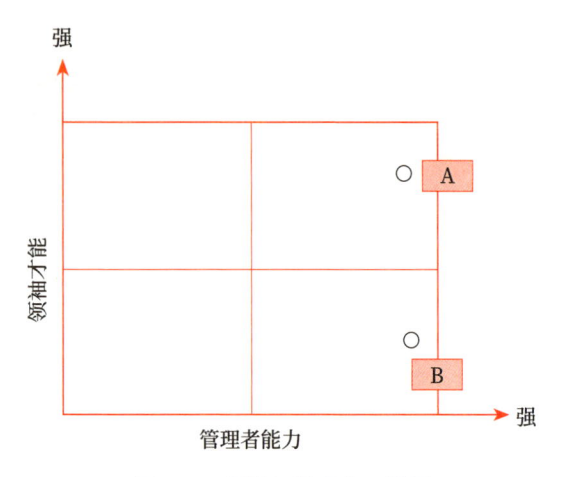

图 8-1 领袖与管理者二维图

8.1 不是领袖的老板

根据美国哈佛大学学者 John P. Kotter（约翰·科特）所言，纵轴代表领袖才能，横轴代表管理者能力。领袖力高，管理力同样顶尖的，位置在 A，即为最好的领导者，拥有此等领导层的企业最强。一般领导者，管理力强，可惜领袖才能弱，多逗留在位置 B。这些企业业绩久久不前，很多中小企业犯了此大错。

太多人把领袖与管理者混淆。注意，商业领袖根本不是"职业管理人"，领袖是指明方向、从变幻中找出机会、居安思危，有实力去为企业想将来的人。管理者则负责分配每天工作、管理分工等。这两条轴线，是二维的，但在同一空间。好的领导层，要平衡二维，权衡比重。

我在阿里巴巴电子商务网站工作时，首席执行官马云是领袖，我是首席运营官，亦是管理者。我们各有所长，他擅领导，我长于管理，两人分工，马云就是阿里爸爸，我是阿里妈妈。现在很多企业只有妈妈，没有爸爸。

举个具体例子。有个老板，清晨早点不吃，就冲出门找生意，同销售部同事一起与客人会面，争取产品订单。中午找到订单以后，忘餐，又跑到产品部好好吩咐，要员工控制成本、注意物料来源等。下午立时找会计部同事查数核对，然后又跑去巡厂监工。这个老板，就是妈妈，不是爸爸。他是出色的管理者，却绝非优秀的领袖。目前，中国不少中小企业的老板正是这样的人，每天操操劳劳，凡事亲力亲为，最后苦了自己，却未能领导员工。

8.2 指明方向才是老板

怎样才是真正的领袖？我的一个客户是最好的例子。这位女士与丈夫共同打理家族生意，在中国设立工厂为欧洲的名牌手袋皮包加工生产，此等工业即原件生产/原件制造（Original Equipment Manufacturing，简称OEM）。这个家族生意由她家公流传下来，工厂的各部门高层都由家族中的人负责，每年生意额高达千万元人民币，家族中的人自然获利不少。于是工厂年年如是，各人紧守固有岗位，继续大做OEM生意。

有一天，这名女子忽然问道："难道3年后我们仍做OEM？"这是最有智慧、最反映领袖能力的问题。这个问题看似非紧急、绝非燃眉在即需要解决的难题。不过，这短短的问题就是关乎全工厂前景的关键。试想，日后成都、乌鲁木齐，甚至孟加拉国、印尼的工厂，同样可以做OEM，别人成本更低、质素也不坏，那么，3年以后，竞争力肯定不比别人。这名强女子能居安思危，指明方向，正是具有超凡领袖才能的佼佼者，这样的企业，必成大器。

（九）像飞鹰的领袖

领袖与管理者，需要不一样的素质，有人擅领导，有人宜管理。扬威天下的，不一定精于管理，拥有非凡领袖魅力的，才千载难求。

这里仔细分列领袖（Leader）与管理者（Manager）之别，目的是拨乱反正，纠正一般人以为领袖即是管理者的误解。

9.1 创造秩序与打乱秩序

先看表9-1。

表 9-1 管理者与领袖的区别

管理者 Manager	领袖 Leader
计划和做预算 Plan & Budget	指明方向 Set Direction
监察组织及人选 Organize & Staff	联盟支持者 Align Constituencies
控制和解决问题 Control & Solve Problems	激发和鼓励 Motivate & Inspire

资料来源：哈佛大学约翰·科特

根据约翰·科特所言，管理者负责计划和做预算（Plan & Budget），领袖却更高层次地指明方向（Set Direction）；管理者监察组织及人选（Organize & Staff），领袖则联盟支持者（Align Constituencies），巩固企业实力；管理者控制和解决问题（Control & Solve Problems），领袖却激发和鼓励（Motivate & Inspire）。

表 9-2 细谈何谓计划、何谓指明方向。

表 9-2　计划与指明方向的不同

计划 Planning	指明方向 Setting Direction
创造秩序 Create Order	打乱秩序 Disrupt
排除风险 Eliminate Risks	冒险 Take Risks
短期 Short Range	长期 Long Range
推论 Deductive	诱导性 Inductive
比如说：做预算 e.g. Budget	比如说：目标 e.g. Vision

资料来源：哈佛大学约翰·科特

约翰·科特又言，管理者全心全意为企业计划，这个计划是要有规有矩的，即创造秩序（Create Order）。计划要为企业排除风险（Eliminate Risks），涵盖短期（Short Range）所需。管理者应运用推论法（Deductive），比如说，做预算（Budget）就是为企业推敲出具体发展方案。

领袖完全不同，他该是打乱秩序的（Disrupt）、冒险的（Take Risks），为企业设想长期（Long Range）的发展方向。领袖运用的方法是诱导性的（Inductive），比如说，为企业订立目标（Vision），让企业有所依循。

以阿里巴巴电子商务网站为例，我在 2001 年加入集团，成为企业管理者，当时，马云是阿里巴巴的领袖。我常常打个比方，我像阿里妈妈，马云像阿里爸爸，二人携手合作，把这个孩子养大。我俩需要不一样的才能，我务实管理，他创新领导。起初的时候，大家还有个磨合期。领袖马云脑筋快，思想新，他就像只鹰，常常盘旋天际、驰骋东西，其他员工呢，就在地面牢牢跟着他走，团团转转。倏然，他从东飞到西，地面的人跟不上，都走散了。

这样子不行。

9.2 领袖的矛盾

后来，大家找到妥协的方案：地面的人都不跑，先建立地面导弹系统，跟踪马云，待马云瞄准目标，发号施令，便发射导弹；有了目标定了方向，地面的员工目标清晰了，就全力向目标前进。这样，企业上下渐渐配合得更流畅，管理与领导亦磨合得天衣无缝。

阿里巴巴当时在领袖带领下，订立了非常清楚的目标，就是"成为一家持续发展 80 年的企业"（后来改为 102 年，即横跨三个世纪的企业）"成为全球十大网站之一""只要是商人就一定要用阿里巴巴"，使命则是"让天下没有难做的生意"。这些高层次目标为企业划定了明确的方向。当然，领袖下面，一定要有一套系统支持冒险的构想，这个系统就靠管理者支撑着。

不用说，当领袖是非常困难的。我在美国通用电气公司工作时，得出如表 9-3 所列之见解——领袖是矛盾的。作为领袖，一方面要有所控制，一方面亦要有自主。

表 9-3　领袖的矛盾

控制 Control	自主 Freedom
可预见的 Predictable	富创造性的 Creative
固定的 Consistent	灵活的 Flexible

(续表)

控制 Control	自主 Freedom
公平的 Equitable	个人的 Individual
均匀的 Uniform	包罗万象的 Diverse
控制 Control	授权 Empowerment

控制的特征是可预见的，固定、公平和均匀的；而自主则是富创造性的，灵活、个人、包罗万象、需要授权的。美国通用电气公司有几名各有个性的科研人员，誓要研制一个全球首创永不磨损的电灯泡，下一篇我就用这个例子，说说又要控制，又得创新的矛盾。

（十）在浴室创业

领袖是矛盾的。当领袖的，既要控制大局，又得自主创新，实非凡人所能。如何平衡？

我在美国通用电气公司工作时，曾多次带领中国企业人员到美国通用电气公司做商务交流，这些见识可做借鉴。

10.1　在浴室发明电灯泡

我们参观最先进的科研及发展中心，中心内有科研人员也是诺贝尔奖得主，就连在实验室当小职员的，也拥有博士学位，职员人强马壮。由于美国通用电气早期是以电灯泡起家，科研及发展中心的最新目标是要研制一个全球首创的永不磨损的电灯泡。

我们参观的时候，实验室中间放置一个非常大的圆球体，正在发光发亮，非常吸引人。这个电灯泡跟传统以钨丝发亮的原理完全不同，这个球体发亮的原理，大概是以电磁引动，利用球体内的电子冲击球内气体发出光芒。这个完全摒弃固有概念，大胆打破传统灯泡原理的新思维，是如何跑出来的？

据说，负责研究这个新灯泡的科研人员是4名思想天马行空的专才。他们中间，其中一人要在爬雪山时才有研究灵感，于是他就常常跑去爬雪山。另一名则要在出海或泛舟湖上时才有新意念，于是船只成了他的办公室。还有一名呢，则要在浴室浸浴时，新意念才跑出来。

于是这班奇才就拥有了非一般的上班形式，只有在野外或浴室，才能找到他们的踪影。

由于他们怪念新、意念多，永远不磨损的电灯泡真的研制成功，成为全企业一时佳话。

不过，这个与传统原理彻底相悖的灯泡，制作成本要数百万美元，非常惊人。为什么企业还花费大量金钱于科研上？原因很简单。一旦企业研制出大量生产的方程式，大大减低生产成本，到时一下子就把所有竞争对手打倒，占领整个市场了。

该企业的领袖，平衡了控制与创新，一方面锐意创新，一方面不忘研究控制成本的方案，这样打起天下来，自然事半功倍。所以表 10-1 非要留意不可。

表 10-1　案例：美国通用电气公司对管理者和领袖的划分

管理者 Manager	领袖 Leader
计划 Plan	创造目标 Create a Vision
组织 Organize	使之富有活力 Energize
结合 Integrate	导引 Facilitate
量度标准 Measure	解放 Liberate

(续表)

管理者 Manager	领袖 Leader
拿指标 Make Your Numbers	建团队 Make the Team
算比分 Keep Scores	言出必践 Keep Commitment
事物 Things	人 People

10.2 重控制与重信任

当领袖的，一定要为企业创造目标，以上述个案为例，就是要创造全球首创永不磨损的灯泡。然后，领袖要使员工富有活力，利用导引的方法，使他们意念及思想得到解放，建立团队精神，言出必行；说到底，人是企业中最重要的一环。

在控制方面，就看管理者，管理者要有计划，重组织，懂得结合各方所长，并且为成果量度标准。管理者要精明地拿指标、算比分，重要的是看事不看人。

以上这个经验原来跟美国百事可乐公司对管理者和领袖的划分也十分相似，该公司的企业理论是，领袖应重人才重信任，为企业打造长期目标。

领袖要问的问题是"什么？"（What？）与"为什么？"（Why？），是始创的问题，是始创的关注。相反，管理者应重系统重结构，关心短期的计划，要问"如何？"（How？），如何实践、如何规划，这些必要模仿企业的目标与方向。

表 10-2　案例：美国百事可乐公司对管理者和领袖的划分

管理者 Manager	领袖 Leader
重系统/结构 System/Structure	重人才 People
重控制 Control	重信任 Trust
短期 Short Range	长期 Long Range
如何 How	什么/为什么 What/Why
模仿 Imitate	始创 Originate

最后，我把这些对领袖与管理者的看法总结在表 10-3，特别要强调的是，前者缔造文化，后者保持运营现状。一言以蔽

之，商业领袖是为了创造一家伟大的公司，人的管理和领袖是其中的核心，言则，"成也萧何，败也萧何"。

表 10-3 对领袖与管理者的划分总结

管理者 Manager	领袖 Leader
正确地做事 Do things right	做正确的事 Do the right thing
重效率 Efficiency	重优先 Priorities
保持现状中运营 Operation within status quo	缔造文化 Shaping Culture
管理 Administration	创造 Innovation
维持 Maintain	发展 Development

（十一）战斗力

商场中高手不少，个人武功超凡的大有人在，然而，个人实力以外还懂得通过别人增加战斗力，才算真正打天下的领袖。

假设你自己的战斗力是100，而你同时拥有10名部下，他们每一位的战斗力是10，那么总括来说，你的部队战斗力是多少？

11.1 提升战斗力

你的战斗力是100，加上10名部下每人战斗力是10，总数不是200吗？若你的答案是肯定的，那你必不是个出色主将。出色的主将先把那10名部下的战斗力提升，起码达到跟自己一样的水平，或超越自己，即每人战斗力超过100，那么整队人加上主将，战斗力将超越1100。

一般企业领袖可能战斗力强，员工却力有不逮，但他们不花时间把员工战斗力提高，反而自己去冲去打，最后落得战死沙场，而其他员工的战斗力依然维持在极低水平，没有进步。

这种个人英雄并不适合大型企业。大规模的企业中主管必须保留实力，留待有需要时才自己出击。领袖理应集中火力，主要工作及功能在于提升员工战斗力。

之前谈过，领袖是指明方向（Set Direction），像教练（Coach），要激励（Motivate）；管理者则负责计划（Plan）、执行（Execute）、达成业绩（Deliver）。管理者透过计划和执行，管理"做事情"的专业员工，而领袖则透过商业影响，感染整个企业。

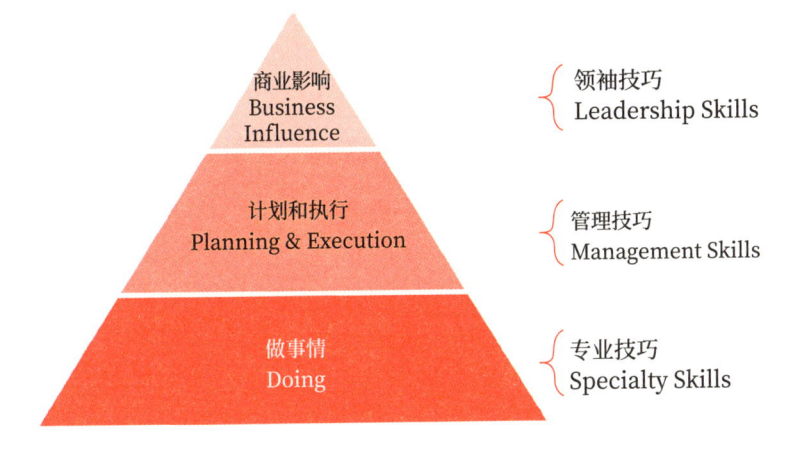

图 11-1　管理和领袖的不同层级

11.2　领袖的两难

在这个背景下,领袖要提升员工的战斗力,要通过什么呢?答案是授权与监控(Delegate & Monitor)。请看图11-2。一个杰出的领袖,当要解决授权与监控的两难,特别是自己不在员工身边时,更要一方面授权,一方面监控。授权的意思是,不须凡事亲力亲为,要放手让员工去经历。监控则可透过不同系统有效运作,例如要求员工提交报告,借以监管工作进度,或者以电话汇报方式跟进业务进展等。

图 11-2　授权与监控的两难

图11-3说明权力（Power）、限制与衡量（Limit & Measurement）、结果（Result）三者的关系。领袖拥有权力，希望获得结果，因此必须限制与衡量。比如说，领袖可以让管理层有权签发单据，给予运用资金的权力，不过，同时应设定金额上限，当超过一定数额时，务须请示领袖，获得允许后才能发单。这种做法既授权于管理者，同时亦可执行监控，达到预期的目标。

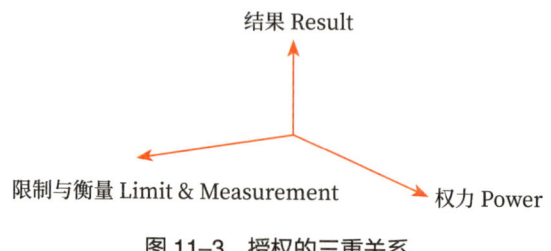

图 11-3　授权的三重关系

另外，列明企业守则亦是办法之一，企业要指出不可犯的天条，表明要咨询领袖高层后才可决定的事，例如"不可改变企业的股权结构""不可随意辞退管理高层""需要定时提交财务报告"等，确保管理层不会越权。

总结来说，领袖要提升员工的战斗力，必要有明确的目标（Clear Direction）、明确的预期结果（Clear Results Expected）、明确的权限（Clear Authority）、明确的衡量方式（Clear Measurement），以及明确的制度（Clear System）。

（十二）"明星"与"野狗"

领袖用人，在于分明。领袖身边，永远簇拥着好坏参半的谋臣；企业上下，同样充斥着优劣难分的员工。如何辨识，择善而用？一定要心狠手硬，划清忠奸，留在企业的，只可以是"明星"，不可以是"野狗"。

一般中小企业，员工人数从数十至数百不等，说多不多，说少其实也不少。要让企业上下团结一心，人人齐力发挥所长，前面说过的目标与使命才能成真。不过，员工质素优劣参差，各怀大志，岂能成大事？关键是根据业绩与价值观，把所有员工分清类别，质高者重赏，品劣者"枪毙"。以下五大分法，诸君可做参考。

12.1 赏"明星"杀"白兔"

请看图 12-1。纵轴代表业绩,即工作表现;横轴代表价值观,即如何靠近和践行企业的目标与使命。

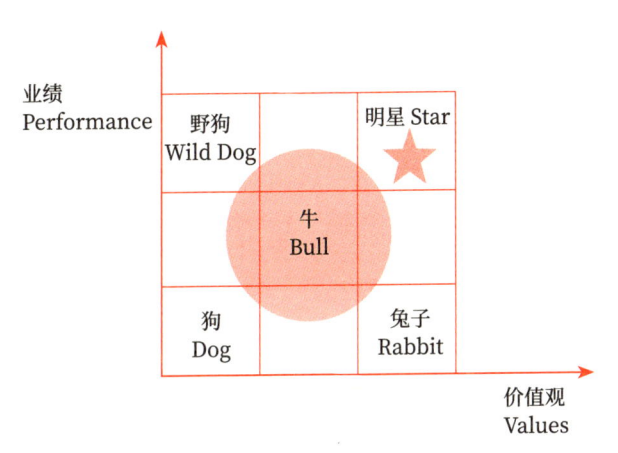

图 12-1 业绩评估之下的五类员工

企业当中,大概有五类员工:

第一类是"牛","牛"在图中所占的面积最大,一般企业中大部分员工属这类。他们拼命做事,干劲十足,也甚威风。无论业绩或价值观,"牛"都是中坚分子,这批人当中,有的假以时日会脱颖而出,跃升为第二类的"明星"。

"明星"业绩高,替企业干出成绩之余,价值观亦完全契合企业精神,这样两者皆出色的员工,是全企业瞩目所在,实属罕有,领袖应多做奖赏,以他们为其他员工的榜样。除了以现金做奖励外,亦可以股份做长期引力,留住他们,并当委以重任,让他们继续不停上进。

第三类是"小白兔",这批人价值观极度符合企业精神,可惜业绩差。当领袖的,可给予这班"小白兔"两至三次机会,尝试培训及提升他们,这批人之中,可能有的能发展成"牛",甚至是将来的"明星"。不过,若他们业绩依然停滞不前,就当狠下心肠,不能仁慈,立即开刀解雇,否则长远计,他们将成企业负担,亦对"明星"及"牛"不公平。

12.2 "野狗"要打靶

最需要心狠手硬的是对付"狗"与"野狗"。第四类的"狗"

即业绩差而价值观又差的，这批人对企业毫无好处，一早就应炒掉。第五类的"野狗"比较伤脑筋，这批人由于业绩超卓，成为企业的支柱，可惜，他们的价值观彻底与企业相悖，亦即完全不遵循企业的游戏规则，对企业来说是十分危险的。

比如说，有的销售员业绩非常高，但经常抢单，甚至贿赂，价值观与企业完全相违，纵使他们可以把最好的客户带来，他们同时也可以把客户全部带走，对企业造成无可挽回的损失。

这种人最危险，最要防范。领袖不能手下留情，应把"野狗"公开枪毙，让企业上下有所警戒，不能蓄意逾越游戏规则。

如何防止"野狗"猖獗横行？企业要有一套妥善的系统。有一间中小企业，运用了一个非常值得参考的方法。企业的所有销售员，都是用企业发给的流动电话号码，比如含有138、888、128等意头好又易记的号码，一旦销售员离开，这个号码就得交回企业，这样，就算"野狗"集体离去，现有客户拨出号码，依然直接拨回企业，由企业员工跟进，留住客户。这个方法又简单又保险，非常有效。

（十三）以"六脉神剑"划分员工

企业中员工有优劣之分，以下具体分析如何衡量谁是"明星"，谁是"野狗"。以阿里巴巴为例，评核员工表现，"独孤九剑"与"六脉神剑"大派用场。

由于企业中的员工质素不均，当领袖的必定要非常警觉，认清谁是得力助手，谁是志向不同者。凡业绩佳而价值观与企业相符的，可归为企业"明星"；业绩佳而价值观相悖的，则为"野狗"。下面以阿里巴巴电子商务网站为例，先说明如何防止"野狗"叛逆，再谈如何评核员工表现。

13.1　防范"野狗"靠系统

无论大型或中小企业,道理一样,要防范"野狗"破坏企业业务,就要靠一套完善的支援系统。阿里巴巴在建立初期,销售员只有数十人,但企业决定投资一百多万元人民币建立 CRM(客户关系管理)计算机系统。这个系统把所有客户资料系统化地储存,信息可供企业内部由上至下每一名员工公开查阅,销售员每天把客户资料及个案进展输入计算机,然后主管可做妥善的资源分配。这个对当时企业而言投资额巨大的系统,一方面让主管对业务了如指掌,另一方面更让员工认清,所有客户资料都是属于企业的,并不是个别销售员的资产。因此,就算"野狗"造反,他们也难以控制企业命脉,不能以个人势力掌控企业资源。

简单来说,企业必须愿意投资,设置有效的监察系统,打击"野狗"破坏的可能性。上了轨道及良好的企业,根本就不会聘请"野狗"。

13.2 "六脉神剑"分等级

接着说说如何考核员工表现。阿里巴巴考核的原则是业绩占总评分的百分之五十,价值观占百分之五十。总评分在全企业中属最低的百分之十的员工,需要被辞退。每三个月就评分一次,以提高水平。以销售员来说,业绩比较容易理解,就是他们的销售总额。至于价值观如何评核,以下分解。

阿里巴巴先提出"独孤九剑"。员工需要具备9种特质,主管根据这些标准为每个员工评分,每种标准分成5个等级。初级得1分,依次增加,直至得5分者为最高。如图13-1所示,纵轴表示"创新"(Innovation)。员工要有"激情"(Passion),即永不放弃、永不言败的精神。要爱"创新",这是阿里巴巴的源泉,创新的热情是最有价值的财富。"教学相长"(Teach & Learn)即做任何事情都是一个学习的过程,教别人是最好的学习方法。"开放"(Open)是团队协作和交流的关键。

横轴代表"制度"(System),在横轴上标示"群策群力"(Team Work),即可以让普通人做非凡事。"专注"(Focus)

指做正确的事情，做高附加值的事情，专心致志。"质量"（Quality）指的是客户满意度。"客户第一"（Customer First）指客户永远是对的。还有"简易"（Simplicity），横跨两轴。

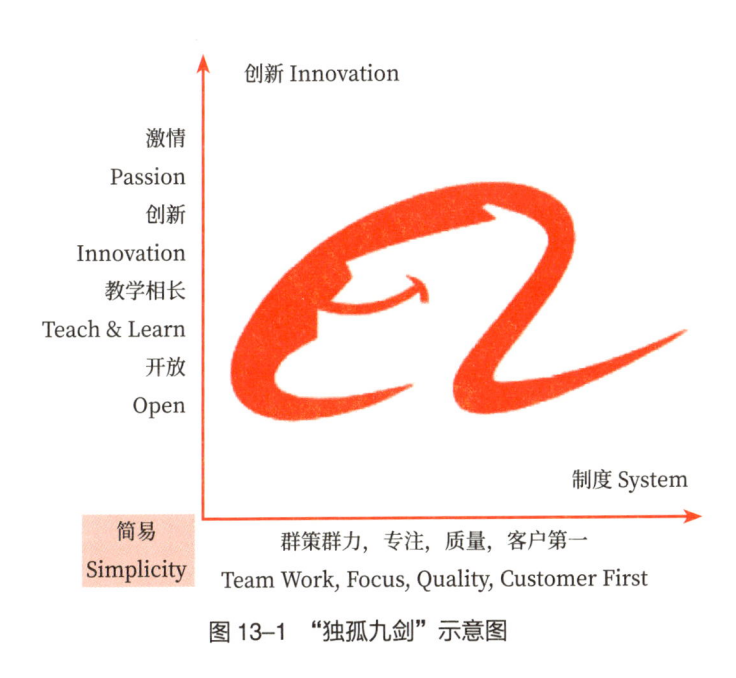

创新 Innovation

激情 Passion
创新 Innovation
教学相长 Teach & Learn
开放 Open

简易 Simplicity

制度 System

群策群力，专注，质量，客户第一
Team Work, Focus, Quality, Customer First

图 13-1 "独孤九剑"示意图

后来，"独孤九剑"演变成"六脉神剑"，员工要具备以下条件："客户第一"，客户是衣食父母；"团队合作"，共同承担，以小我成就大我；"拥抱变化"，突破自我，迎接变化；"诚信"，诚实正直、信守承诺；"激情"，永不言弃、乐观向上；"敬业"，以专业态度与平常心做非凡事。业绩评估要公正，奖罚制度要严密，"野狗"必走，"明星"诞生。

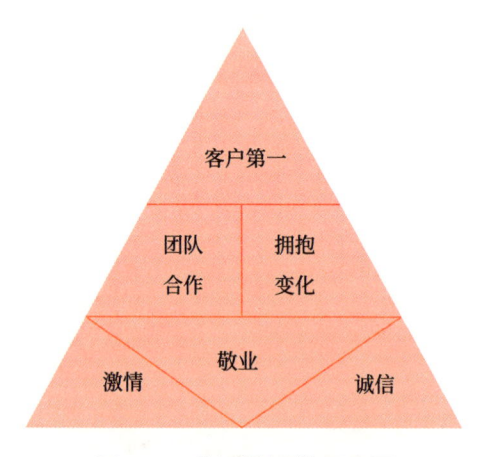

图 13-2 "六脉神剑"示意图

叁·谋略篇

（十四）企业如何渡危机
——阿里巴巴个案研究（上）

理论谈过，现在以阿里巴巴活生生的例子阐述企业如何渡危机。阿里巴巴曾历惊涛骇浪，今天能保江山，个中经验不为外人道。

2000 年前后，科技信息网站大热，各财团为免落空，纷纷出钱资助新成立的科网企业。

Softbank（软件银行集团）老板以亿元美金投资雅虎网站，令该网站成为全球顶尖企业，创业人更成为全球首富。后来，

Softbank 老板向马云招手，并表示愿意投资 1 亿美元，在财务上大力支持阿里巴巴商务网站。

14.1　降低烧钱率

不过，马云当时并没有接受巨额，只接受了对方 2000 万美元的投资金额。马云在这时候前后集资 2500 万美元建设阿里巴巴网站，雄心勃勃创立业务。当时，不少投资者只奢望在科网市场捞一笔，并没有长远计划，很多网站企业速速包装上市，赚取第一桶金后就快快套现，这样的例子有数百个。2000 年下半年，阿里巴巴已经意识到将要卷起的风云——互联网的泡沫将要破裂。其时，企业首先要回应的问题，是"我们应做什么？"

我在 2001 年 1 月加入阿里巴巴，第一件任务是封杀战场——裁员。当时阿里巴巴网站在全球五个地方设有办公室，这些战场让企业每月的烧钱率非常高，差不多一个月烧掉 160 万至 170 万美元，以这个速度计算，当时剩下的 1000 多万美元，只能再为企业维持 6 个月的寿命。只要再烧 3 个月，其他股东可能就要拆伙，不容再把资本白白烧掉。

阿里巴巴正面对巨大的企业危机。当前之急，就是止损。这说来残酷，不过，我上任后第一个任务就是向有些员工说"再见"。

14.2　封闭战场

让我说说当时的形势。当时阿里巴巴在美国设有办事处，我们与其他科技网站如雅虎和 eBay 以高薪竞争，招聘了当地科网精英，约有 30 至 40 人之多，他们之中没有一个年薪低于 10 万美元。可想而知，单单这班精英的薪酬，已经所费不菲。中国香港呢，我们为了让公司更上一层楼，在香港高级投资银行挖角，把拥有工商管理硕士学位的市场尖子网罗，这班员工的薪金不用算，极高。还有韩国，由于当地十分看好阿里巴巴的商务网站概念，希望创造阿里巴巴韩国版网站，因此我们在当地所设的办事处已招聘了 20 至 30 人。再加上欧洲及中国内地的办事处，这五大战场的烧钱率令人咋舌。

阿里巴巴高层，包括马云、首席财务官、首席技术官等全力支持节流。由于我新上任，没有任何包袱，没有人心顾虑，所以这个封杀战场的任务由我承担。当时的目标是尽快把烧钱率降至每月 50 万美元以下，只有如此，剩下的资金才足够企业多运作 18 个月，以这 18 个月的时间再去营造赚钱机会，慢慢增加收入。

我就在这个背景下，在那段日子里不停搭乘飞机，到世界各地去封杀战场。

（十五）坚持到最后就是胜利
——阿里巴巴个案研究（下）

我刚在阿里巴巴上任，第一个任务就是乘飞机到世界各地出差，不是公干，是到当地裁员。当时是 2001 年，科技网站泡沫破裂。这一场经验告诉我，坚持到最后就是胜利，我们只有一颗制胜的子弹。

为了大大降低烧钱率，渡过科网危机，阿里巴巴相信，我们只有一颗制胜的子弹，要保住最强的武器，坚持到最后，谁不跌倒，谁就会胜利。在科网潮中烧钱烧尽了而离场的企业为数众多，能够坚持不死的，必有生机。于是阿里巴巴提出了

"B to C, B to C, B to C"的计谋。

15.1 一颗制胜的子弹

所谓三大"B to C"就是指"Back to China"（回到中国）、"Back to Coast"（回到沿海）及"Back to Central"（回到中央）。用了不到1分钟的时间，阿里巴巴高层就做了决定，把业务带回中国，生存下去的唯一可能性就在中国本土。然后就是把所有成本结构（Cost Structure）重组，把高薪的员工大刀阔斧裁掉。于是我的第一站是杭州。

在杭州的办公室，原本聘请了一名比利时籍员工，他的薪水极高。我向他解释了企业面临的难关，并向他提出把薪酬减半，换来把股份提高三倍的提议，不过，他一口拒绝了。最后，我在他的眼泪下把他开除了。

我接着飞到中国香港。那天我与员工吃年夜饭，他们很想知道公司面临危机的大计，让我快快告诉他们。我心想，长痛不如短痛，于是狠下心肠，说计划就是裁员，我和CFO（首席财务官）蔡崇信一起，一下子把大部分员工解雇了，剩下不到10人。

我就是带着这种心情到美国的。出发前，我太太问我要不要避弹衣，她说美国刚刚有个员工用轻机枪把老板及人事经理杀死了，就是因为被裁。我和CFO到美国，和CTO（首席技术官）吴炯一起商讨后，二话不说，公布除了3名员工外，其余通通被裁。说罢第二天，我就乘飞机回国。

欧洲的员工也解雇得只剩一人。韩国呢，我跟他们说，只给他们一定数额的资本，倘一年后还未有收支平衡就得关门。后来，他们也全部被裁了。

15.2　放眼全球　立足当地

"Back to Coast"指把办公室集中在沿海城市。开始时，阿里巴巴在四川、昆明、东三省等地也设有办公室，虽然网站在这些地方非常受欢迎，但当时仍未有收益，于是我们决定把这些办公室关掉，只剩下广东、山东、江苏、浙江及福建的办事处。上海的写字楼也太大，我们协议把它分租出去。就这样，减少分公司，减少租金，节流不少。最后一个"B to C"是"Back to Central"，我们把总部重新定位在杭州，重新上路。

经历这一场改革，不出一个月，阿里巴巴的烧钱率大幅度下跌至每月50万美元以下，成绩显著。现在回想起来，当时的决定非常正确，当时以境外高薪技术人员支援境内的网络系统，根本就是资源错配。境外高科技人员无疑有一己之长，但对远方的中国国情实在认识不多。我们有不少竞争对手在科网危机时仍坚持把境外人员保留，反而裁去境内员工，牺牲境内员工的薪酬去支援境外高薪员工，实在不是长远之计。

阿里巴巴当时已经很清楚，应放眼全球，立足当地。只要把我们的长处瞄准市场机遇和对手的竞争劣势，把自己跟敌手区分开来，就能够坚持到最后。阿里巴巴在杭州的员工由头到尾未有削减过，经历低潮站稳阵脚后，现时员工数目反而一直上升，由 2001 年的 100 多人增加到现在[①]的 2000 多人。

虽然在低潮时，我到上海公干也只是乘地铁，在杭州住 100 多元一晚的旅店，身体力行为企业节流，但这一番经历，让我获益良多，望诸君也有得着。

---

① 指 2005 年。——编者注

（十六）瞄准长处——康师傅方便面个案研究

要在商场站得稳，就得了解企业与竞争者的不同，把自己区分开来，瞄准一己的长处，发挥所长。现在我以实例说说中小企突围而出的诀窍。

康师傅方便面创业经验非常值得借鉴。此企业由籍籍无名以至扬名国内，其成功在于懂得瞄准长处。

16.1 突破竞争者

康师傅方便面目前是全中国知名的方便面品牌，不过，方便面在打入中国市场的初期，规模比现在小得多，能够普及至街知巷闻，全因为突围的市场策略。

十多年前，在打入中国市场的初期，康师傅方便面需要面对强劲的竞争对手，包括大品牌如统一方便面等。由于中国方便面市场当时刚刚开放，部分在国外华人市场早已建立名声的品牌充满信心，只要把方便面包装上国外惯用的繁体字改印成简体字，在国内打响头炮根本不是难事。于是，不少大品牌就靠一向稳打稳胜的产品，原原本本地在国内市场推出。从调味粉口味到面条质感，都把国外成功的一套复制到国内。

不过，康师傅方便面情况可不一样，由于当时企业规模不大，资本不多，商户又要求"先货后钱"，先要交货才结账，影响了运营弹性。若康师傅方便面只把产品草率推到市场，而国内顾客根本不接受该方便面的口味，最后只会造成严重损失。由于康师傅方便面规模小，不能承受错误的风险，所以企业高层决定不跟大品牌硬碰，他们别出新意，在中国先大搞试食会。

16.2　创造长处

试食会当时是个创举，康师傅方便面为了琢磨及了解中国顾客的口味，不把产品直接销售到国内市场，反而举办大型试食会，研究一下中国方便面市场的食客口味。当时的试食会，由于意念创新，每次也吸引了数以百计试食人群。试食者把食客心得与偏好一一坦白相告，并给予不少评语。

康师傅方便面透过试食会，了解到中国顾客最喜爱的方便面调味粉口味，改造旧口味，研发新口味，最后解决了方便面的味道与质素的问题，成功研制出完全符合中国市场的方便面口味。另外，试食会还在不知不觉间解决了市场推广问题，因为每次试食会也是个推销产品引人注目的大型活动。最后，康师傅方便面借着试食会吸引了大批代理商落单订货，销量因此大增。其业务慢慢扩展，成为今日著名的品牌。

这个成功案例正好说明，小企业并不一定败在大企业手下。就算中小企业亦可透过不同活动做出突破，弥补规模小的缺失，突显一己之长处与优势，用心揣摩，最后必能以小制大，战胜大企业。战胜的秘诀在于，把一己的长处瞄准市场机遇和对手的竞争劣势，把自己与敌手区分开来。以康师傅方便面的例子来说，当新市场出现时，亦即出现了新的时机。该企业以创新的方法，以试食会找寻到适合顾客口味的产品，最后突破大企业，成功地大规模地占领了市场。

（十七）有所为有所不为
——Dell、ZARA 个案研究

康师傅方便面以试食会探索中国食客的口味，战胜众多竞争者，成为市场占有率极高的赢家。他们打天下的要诀是瞄准长处。以下将以电脑和时装企业的例子，说明如何以"有所为有所不为"为原则，突破敌手。

以下两个例子，都是中小企业发迹的故事，综合来说，它们在创业时面对的共同问题，是资本少、规模弱，却面对实力庞大的竞争对手。如何战胜？

17.1　干别人不干的事

戴尔电脑（Dell Computer）以 14000 美元起家，这个数目在电脑行业来说，简直少得不得了，与其他竞争对手的资金相比，更是小巫见大巫。电脑行业竞争极大，知名品牌如苹果（Apple）、惠普（HP）、IBM 等，都是实力强大的企业。不过，戴尔电脑当时发现，大部分站稳阵脚的电脑商都以倾销手法销售电脑，即以生产线方式大量生产同一型号的产品，然后推出市场，以同一渠道大规模销售。

戴尔电脑先问的问题是如何不直接与对手竞争，而另辟新路，即反问如何"有所为有所不为"。最后，戴尔决定以崭新的销售方法推销产品——直销。

在电脑市场，甚少企业以直销方法推销产品，都认为是费时失事的办法。不过，戴尔电脑看准市场这个人人所不为的好机遇，提出替个别顾客设计电脑的全新直销方法。戴尔的电脑是按照顾客个别的要求，专门为顾客度身定做，设计符合个人或企业需要的独一无二的电脑。

结果呢，自然是大受客户欢迎，弥补了市场出现的空隙。

其他电脑商由于大量生产，在每季季尾时囤积不少将要过时的电脑，往往要通过大减价来清货。但戴尔电脑却根据客户要求生产电脑，因此货物积存非常之少。以这个新办法运营，戴尔以同样的资本，创造出比其他企业多出几倍的生意额。目前，戴尔电脑已成为资产总值达数百亿美元的庞大企业。

17.2 打破常规

西班牙时装连锁店 ZARA 是另一神话。一般大型时装店的传统经营模式，是每季大量生产数款不同时装供客户选择，结果同样出现欠灵活、积存多的问题。ZARA 则打破常规，该企业会根据客户每季不同的要求实时生产时装，例如该季的潮流是在衣服上加上带子、衣袋等，该企业立即度身定做，按客户的要求加上带子与衣袋，实时生产客户心目中的款式，配合市场不断改变的要求。迅速生产出来的时装会以速递邮寄的方式送到客户手中，就像度身定制衣服一样，完全配合不同时装店的各样要求，不会累积存货。

ZARA 跟戴尔电脑一样，两间企业问了同样一个突破性的问题："如何有所为有所不为？"他们同样面对强大的竞争对手，而对手正是集所有竞争优势于一身。要突围而出，这两个企业同样想到一条途径来攻克坚不可摧的壁垒，就是为顾客量身定做切合所需的产品。

这个方法是同类产品市场上前所未有的，是别人所不为的。这两个企业同时先问"有所不为"，问"不该做的是什么"，借此避过对手的强项，不直接与敌手交锋，免惹伤亡。反而，他们集中精力发展自己的所长，发展"所为"的强项，针对对手的缺失，填补市场真空。

中小企业打倒大企业，绝非不可能的事，全看阁下之超人策略。

(十八) 田忌赛马之策略

之前的案例,说明中小企突围大企业的可能性。今回指出,只要依据"田忌赛马"的经验,以此为原则,准能在面对强手之际增加胜算。

田忌为战国时代齐国大将,表兄就是齐王。田忌经常与齐王赛马,可惜齐王的马多优良,以上马对上马、中马对中马、下马对下马分等级竞赛,总是田忌的马被比了下去。田忌屡战屡败,心里不服气。后来,孙膑当了田忌的军师,向田忌献计,指出以田忌之马,其实一样可以赢齐王。

18.1　把资源配对

比赛当日，孙膑施计先以下马对齐王的上马，横竖齐王的上马必胜，因此以下马对之。然后孙膑以上马战胜齐王的中马。最后，齐王只有下马出战，孙膑的中马于是也就轻易战胜了。结果，孙膑以三盘二胜击败齐王。

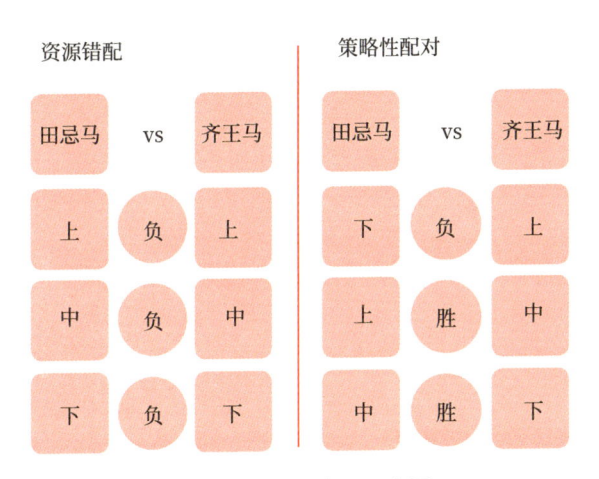

资源错配			策略性配对		
田忌马	vs	齐王马	田忌马	vs	齐王马
上	负	上	下	负	上
中	负	中	上	胜	中
下	负	下	中	胜	下

图 18-1　田忌赛马示意图

所以说，最重要的是整体的胜利。当初田忌为何战败呢？道理很简单，全是资源错配的结果。同样是那三匹马，用错策略错配敌手，自然输掉。相反，只要把资源好好配对一下，赢面就大得多。这个教训是，与敌方对打，不一定要硬碰硬，由于对手人马可能比你多、资源可能更胜一筹，因此硬碰只会惹来损伤。对方百万骑兵一字排开，你必死无疑；但你以五万大军只打对手的一万骑兵，针对对方弱点，自然胜利机会大为增加。

因此，当企业领导的，一定要谨记"田忌赛马"的故事，明白谋略的重要。领袖除了要胸怀大志和有坚定的信念外，还要在现实的基础上实干。仔细来说，要有谋略，领袖先要懂得问以下的关键问题。

18.2　不是短跑是马拉松

第一个问题是："谁是我的客户？"比如说，化妆品公司的客户就是爱美的女士。接着的问题很重要，"我们为客户解决什么问题？"答案并不单单是化妆的问题。化妆品公司为客户解决的，是心理问题，它们为女士带来新的希望、新的梦想。

然后领袖要问："我们能否在这个领域成为'第一'或是'唯一'？"企业要做到"第一"不算很难，规模大、盈利高的就第一，不过要做到既"第一"又"唯一"就非常难，企业要问此问题、部门要问、个人亦然。要把自己跟竞争对手区分开来，成为行业中的唯一，就是学问。

还有以下的问题："利润来自哪里？"有不少企业业绩很好，比如说产品有十种之多，但事实上，并不是所有产品都会为企业带来利润，可能十件中只有两件是有盈利的，假如企业疏忽了这个事实，忘记问利润来自哪个产品，就是失策。

"怎样增加短期利润"是另一个必须问的问题。降低成本？卖广告？减价？不过，就算有短期利润，也要问："怎样增加长期价值？"长期价值并不单是短期利润，最重要的是长远的价值，这个就要靠员工的培训与发展，否则员工很快就会耗尽心力离巢远去，不少企业在不知不觉中就走上这条路。

总结来说，企业要把持一些关键的目标，要成为"唯一"的，并且要长期持续地追求目标。成为出色的企业的道路是长远的，领袖跑的不是短跑，是马拉松。

肆·销售篇

（十九）选择合格的潜在客户

企业管理理论之后，谈谈销售心得。销售在商品市场扮演最前线角色，通过销售，产品或服务可有效地送到客户手中，达成双赢贸易。以下根据过去经验，跟各位交流成功销售之见解。

中国有 13 亿[①]人口，谁是你的客户？好的销售员，一眼就当把合格的潜在客户挑出来。

---

① 此为 2005 年的数据。——编者注

19.1　客户的轮廓

女士们到百货公司，经常遇到不少化妆品销售员。最差的销售员不论客户类别，总之一口咬定客户的皮肤不好，需要这个需要那个，然后把化妆品一下子涂到你脸上，哗啦哗啦叫你买。最好的销售员不会浪费弹药，他们一眼就能看出会购买护肤品的客户。

事实上，所有潜在的客户群（Potential Prospects）中，只有少数是合格的潜在客户（Qualified Prospects）。这些合格的潜在客户有其"可能的轮廓"（Possible Profiles），好的销售员可以凭这些轮廓，把客户认出来。

首先，合格的潜在客户一定是"有需要"的。因此，好的销售员必须理解客户的需要，了解这个需要是不是与产品相符。此外，这些客户必须要拥有必要的资源，最简单的莫过如金钱。这些客户亦要有购买的动机，并且正在考虑购买，譬如在数月内就得购买等。

用男女择偶为例说明。中国有 13 亿人，谁是另一半？这个问题非常大。不过，每个人心目中其实已经有一套先设的标准，男的要找女的，那 13 亿人中只有约一半合格；要找年龄适合的，又筛去一半；上过大学的，合格的更少。就这样，最理想的伴侣只有少数人合适。现实中，很多销售员却连自己的要求也弄不清，其实销售员心中也应有"最理想的客户"这回事。

19.2　防止输掉客户

销售员可以把客户分成各种类型，例如 A 型是最理想客户，其次是 B 型及 C 型，这样自然心中有数，能分清进攻的先后。目前是 C 型的，假以时日也可能变成 A 型客户。

试看图 19-1。在一群潜在的客户群当中，出色的销售员要懂得根据规范，挑选出合格的潜在客户。通过销售工作及商谈过程，这批合格的潜在客户可能成为最终顾客，下订单购买产品。不过，这批客户亦有可能变卦，最后失去订单。

阿里巴巴电子商务网站有一个惯例，举凡网上申请账号的客户，

```
                    潜在的客户群
                    Potential Prospects
                        ↓ ↓ ↓ ↓
销售工作/过程  →    潜在的客户群排位       →  失去订单
Selling Efforts/Process  Qualifying Grid           Lost Order
                    选择合格的潜在客户
                    Qualified Prospects
                       顾客/订单
                    Customer/Order
```

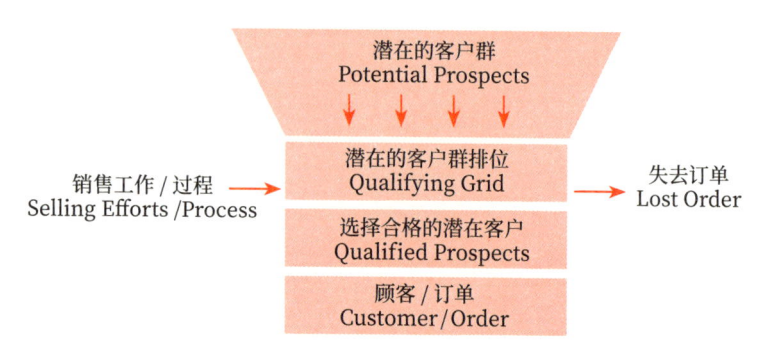

图 19-1　选择合格的潜在客户

都不会由销售员急急致电洽谈。这个说来奇怪，但企业不是不把握时机，而是了解时机是需要合时的。阿里巴巴会先由其他员工致电客户，详细了解该公司的背景、生意概况、购买愿望等，然后让对方了解企业的各种产品与服务，慢慢等候，潜移默化。等客户充分了解阿里巴巴提供的产品，时机成熟了，才由销售部的员工致电，这时往往一击即中。这样是投资。

订单下了，还得保持紧密联系，因为会续约的客户才是可持续的，才是最长久的。同样的工作时间，销售员应花在会续约的客户身上。要注意，就算失去订单，也不是坏事，每次输掉一个客户，就得反思检讨，是否说错了话、是否有差池？了解失败的原因，以后就能提高战斗力。

（二十）耕种还是狩猎

大部分销售员认为自己是猎人，去杀去冲，争取客户订单，像打猎（Hunting），却忽略了原来自己同时也是个农夫，需要默默耕种（Farming），才有固定收获。

销售员像是生活在原始世界，天天面对弱肉强食的激烈竞争。成功的销售员，究竟是猎人还是农夫？

20.1 狩猎与耕种的利弊

销售员把自己看成是猎人，人人去杀去抢，有其利与弊。狩猎的确符合人类的动物天性，人类是弱肉强食的动物，天生有猎杀的本性。狩猎可以马上满足胃口、满足追捕及杀戮的快感，简单说，就是"爽"。

不过，狩猎自有其弊。狩猎的结果不可预测，你不一定是胜利者，可能会在追捕中受伤。受伤以后不但不可能保护自己，同伴亦不愿意与你为伍，甚至把你看成猎物，趁你弱除掉你。美洲豹是一例，假若受重伤，可能由追捕山猪变成捉小兔，最后有一顿没一顿的。因此说，狩猎带来不可靠的补给，并且难以计划。

耕种不同，耕种的结果更能预计。耕种是有既定程式的，在特定的时间里耕作，其余时间可饲养家畜，如养鸡养猪喂鱼等，收割有时，饲养有时。耕种提供可控可靠的补给，通过程式在资源的分配上实现最优化。耕种有更可行的计划，并最为遵循自然生长的规律。

当然，耕种亦有其弊，耕种虽稳定，但缓慢，并且需要很大的耐心，必须遵守循环作业。

一年只有四季，春播秋收，必须依从。简单来说，就是"不爽"。

20.2　既是猎人又是农夫

不少销售员以为销售就是去冲去杀，即时争取到客户订单，就叫胜利。其实不然。像猎人捕猎，只能解决短期所需，不停杀就不停有收获，但假如一松懈或受伤，补给即时中断，非常危险。每一个订单都是短暂的，长远来说根本没有保障。比如说，以电话销售方式售卖保险服务，销售员每每只花约两分钟时间于一位客户上，客户买生意就成，客户不买就拨下一个电话。这样根本不持久，客户名单很快就耗尽了。

因此，销售员应该平衡狩猎与耕种，平衡短期与长期利益，短期暂时性的狩猎可带来即时的客户及利润，但长期恒久的耕种，更可带来稳定的客户及收益，长期的投资带来长期的回报。

的确，人类都是弱肉强食的，不过，人类在动物界的争夺战中不是最强的,动物有比人类更大的力量更强的体魄,猴子可以跳出自己身高5倍的高度,人类却不能。为什么人类还可以统治世界呢?因为人懂得耕种,世界上只有人类能耕种畜牧,平衡短期与长期的收获。

（二十一）停不了的收割

最杰出的销售员，不是靠打猎式的短期收益，而是拥有耕种得来的长期性稳定销售额。只要按照耕种周期播种，一分耕耘，必有停不了的收获。

耕种是有既定程式的，遵循大自然法则，依时播种自能依时收获。当销售员的，按照耕种步伐按部就班，自能巩固实力，获得长期客户。

21.1　依步骤取收获

耕种的关键步骤是什么？依次是垦荒、播种、施肥与灌溉、保护、收割。从销售角度看，垦荒至保护都是投资，最后的收割就是回报。投资是漫长的，收割是漫长期待后的结果。这个耕种周期，用图表示，就是图 21-1。

播种、施肥、灌溉、保护　　　　　收割
Excavation Seeding,　　　　　　　Harvest
Fertilization & Watering,
Protection

图 21-1　耕种周期示意图

那么，销售员最愿意看到的是什么呢？当然是不停地收割。如图 21-2 所示，每一长方块表示一块田，最聪明的农夫，并不单单投资一块田地，他把心血分散在不同的田地上，平衡地耕耘不同的土地。在开垦第一块田之后，等待收割之时，就应开垦另一块田；在第二块田播种以后，亦要筹备开垦第三块田。如是者不停开垦，到第一块田收割以后，接着的就是第二块田的收割，以此类推，收割将是一块接一块，连绵不断的。

图 21-2 平衡耕耘示意图

好的销售员应当像这样的农夫，只要时间安排妥当，就能不停地收割。销售员手头上应同时跟进多个客户档案，一个接一个地编排进展，跟进完一个档案以后，应立时知道下一步要跟进的是什么。就算不是每个客户都交易成功，起码天天有可以接洽跟进的客户。

21.2 耕种中的狩猎

当然，销售员像农夫之余，同时还要兼顾狩猎。因为销售员要真正签下订单，就像在弱肉强食的世界里打仗，需要一分勇气。销售员需要冒险，不能放弃打猎。耕耘以后还是需要通过拼搏去收割的，像插秧后要割稻，种梨后要摘果一样，得要有进取的行动。

一个好的农夫每天做什么？他一天之内不是单单垦荒，或单单收割，他是每天同时进行垦荒、播种、施肥与灌溉、保护、收割。好的销售员也一样，每天跟不同的新客户接触，同时与旧客户签下订单。好的销售员有非常好的生活与工作习惯，非常自律，有强健的身体，准时工作、准时休息。因为优秀的销售员不会单靠一个客户的订单，一个订单落空了，还有其他补上，非常有计划有眼界。

为什么他仍不断有新客户做"猎物"？因为他时刻在耕种，四处开垦。要办到这一点，秘诀在于平衡。不停耕种之余，亦要不停收割。这说来像婚姻。成功婚姻的秘诀，在于培养稳定的感情之余，依然相互保持一夜的激情。

总的来说，销售员要的是什么？是固定的收入，是不断的续签，是最高的客户满意度。

一句结语：耕种是成功的最佳途径。

（二十二）许下可实现的期望

很多销售员误以为客户的期望自然是由客户来定，其实，定期望应由销售员与客户一起商议。以下谈销售员在定期望时常见的错误。

定期望（Set Customer Expectation）由客户定，还是由销售员定？这是个十分重要的问题。初入行的销售员，多由客户定期望，客户的所有要求，都无条件答应，实在误事。

22.1　把线圈握在手中

就像放风筝，弱销售员把风筝的线圈交给客户，客户就会毫无限制地把风筝放远，愈放愈高，期望变得不能着地，纯属空谈。但销售员要是把线圈掌握在手，自能把风筝控制自如，远近适中。

因此，销售员应对"定期望"有所认识。阿里巴巴商务网站就把"顾客满意"定为考核销售员表现的一个重要标准。阿里巴巴的所谓"独孤九剑"与"六脉神剑"都标榜"客户第一"，要达到这个目标，"定期望"这个环节尤为重要。

请看图 22-1。顾客的期望如图中间的横线，高出这条线的高质量服务，顾客就满意；相反，低于这个期望的低质量服务，顾客自然不满意。如何让客户满意？要注意以下常见的错误。

销售员最常犯的错误是夸大产品功能、夸大服务的支援、做不现实的承诺。销售员往往信口开河，在以下三方面做不现实的许诺：价格、更高的排名及发布日期。很简单的例子，销售员常常跟客户说："价钱好谈！"他心里就想给个 9 折，可是客户可能猜是个 6 折，对方的期望有极大偏差。

```
                              ↑
                              │   顾客满意
                              │   Satisfied Customer
                    (+ve)     │   高质量
                              │   High Quality
顾客的期望                     ↓
Customer Expectation ─────────────────────────→
                              ↑
                    (-ve)     │   顾客不满意
                              │   Un-satisfied Customer
                              │   低质量
                              ↓   Low Quality
```

图 22-1　定期望示意图

有一次，我属下的销售员硬要我去见一家冷气公司的外资部总经理，谁知坐下对方就说我们的价格太高了，要求半价！当时作为企业高层，面对客户减价诉求，我就知道销售员在"定期望"方面出错了。销售员并没有让对方在价格上有充分的了解，让他把"期望"定错了。

22.2　最好的宣传是讲真话

作为销售员，为什么定期望这样重要？因为双方期望有偏差，会导致不能控制的结果。第一，可能你最后获得了订单，但不能兑现承诺。第二，即使你付出很大代价改正了错误，顾客仍然不会满意。第三，客户可能会取消订单，然后你会失去订单和客户。譬如说，酒店的前台服务员答应了客户安排无烟房间，最后失信，就算服务员再安排最豪华的总统套房，客户亦会耿耿于怀。从期望掉落到失望的情况难免会出现。

因此，销售员在与顾客定期望时，一定要诚实，你最好的宣传便是讲真话。你的信誉对你而言是最重要的，宁愿失去订单也不能失去客户，凡有疑问必要先查问清楚。每个销售员都有自己的特点，要客户一听声音就把你认出，并认识到你的真诚及信誉，那是最为重要的。

以我的经验来谈。在美国通用电气公司时，我负责销售医疗器材。有一次交易完毕，客户跟我说还有少量资金，希望购置"X光机"。我看他的资金根本不够购买我们的产品，于是本着诚意推介他选用竞争对手——日本出产的"X 光机",并提醒他注意该产品的优劣。于是他购买了。两年后,这个客户忽然来电,说企业有足够的资金,还是要添置我们的"X 光机"。我当然非常高兴,并且得悉,失去了订单并不可怕,最重要的是不要失去客户。

（二十三）销售九部曲

杰出的销售员，做事从来不苟且，从准备、欢迎客户，到答辩、成交，绝不会虎头蛇尾。本部分开始讲述销售步骤，跟着这个步骤走，可能走出成功曲谱。

基本的销售过程分为九部曲，分别是准备、欢迎、聆听、细问、供选择、定期望、答辩、成交、何日君再来。参看图 23-1。

图 23-1　基本的销售过程示意图

（图中文字：
准备 Be Ready
欢迎 Welcome
聆听 Listen
细问 Probe
供选择 Provide Options
定期望 Set Expectation
答辩 Handle Objection
成交 Close
何日君再来 Keep）

23.1　事先准备不可少

有一个酒店服务员，在短短三分钟内就把九部曲直接谱出了。我在酒店门口打算找地下铁路外出，服务员走来，向我微笑，这是"准备"。然后他替我把大门打开，问我要到哪里去，这是"欢迎"与"聆听"。我说要乘地下铁路，他告诉我时间表不配合，建议不如坐计程车。这是"细问""供选择""定期望""答辩"。最后我决定依他建议，于是他把计程车招来，祝我出行愉快，希望再见面，这就是"成交""何日君再来"。他谱成了出色的销售九部曲，并以行动表现出来，非常圆满。

以下，每个步骤仔细再谈，先说"准备"。负责任的销售员，在与客户会谈前总是做好准备。事前做好会谈计划，把目标、客户资料、产品特点及其他信息先摘录出来。当然，亦要对突发性事件做好准备，以保持灵活性。以下有两个反例。

有一个销售员，一天匆匆跟我说要到对面的大厦"洗楼"，意即逐家逐户敲门查问，试试直接推销的效果，说罢一团烟匆匆走了。另一天我碰见他，问他"洗楼"结果，他说原来对面的大楼是政府机关，根本不得入内做任何推销。这名销售员根本没有做出调查，没有做好充分准备，所以坏事。

同样，我在英国当医疗器材销售员时，一位同事一天巴喳巴喳地提起行李出埠，赶去印尼做大销售，后来说全印尼只有一家医院有财力购买，最后空手而回。他的失败皆因未做好准备，却先花掉了10万美元交通住宿及展览费。

23.2　第一印象很重要

销售员不单要在第一次与客户见面前做准备，其实，每次跟客户面谈，都应把谈话重点记下，做成笔记。在下次见面之前，一定要先重温，把上次的笔记好好翻阅一遍。因此，做准备不是一次性的，而是每次都得准备，否则，每次面谈都会像首次见面一样，毫无进展。

第二个重要环节是"欢迎"。第一次见面的印象是十分重要的，就是初见的十秒八秒之间，印象就给打下了，而且很难再改变。握手时的诚意与力度、指甲是否脏兮兮、头皮屑有没有落在肩上等等小事情往往给人不可磨灭的印象。就算是电话通话的语气，快乐与沮丧、积极或假意，客户都记在心里。因此，销售员与客户见面时先要搞好会谈气氛，要友好地表示欢迎，同时别忘了微笑，还得要帮助客户放松心情，要记着，第一印象异常重要。

阿里巴巴电子商务网站有一名出色的销售员，只要能够在电话通话中让她有机会跟客户交谈上五句话，她就能取得对方的订单。短短的时间内就能掌握客户的心理，实在是高手。

（二十四）多听少说的销售员

"聆听"及"细问"是销售员必需的技巧。不过一般销售员只顾说话多多，忘记聆听，又经常错误提问。本部分提出多听少说的论据，以"引蛇出洞"及"请君入瓮"的譬喻，说明提问的技巧，并强调"供选择"的重要。

一个销售员与客户面谈前做好准备，并在初次见面时给客户留有良好的印象，接下来是什么？就是正式面谈时的沟通技巧。

24.1　两只耳朵一个嘴巴

每个人都有两只耳朵一个嘴巴，不过，销售员似乎忘记了这个事实，他们常常喋喋不休，以为不住说话，客户就会下订单。其实天生耳朵比嘴巴多，就是叫我们多听少说。作为销售员，应该有灵敏的耳朵，要经常打开耳朵，听取信号及敏感信息。更高的技巧，是听取对方没有说出口、听不到的信息，即通过对方的面部表情、身体语言以及态度判断他们的想法。最高超的销售员，可以不发一言就签单。这个有点夸张，我是说起码不是说得越多越好。听往往比说重要。往重点上说一句，比乱说一千句好多了。再重申，"听、听、再聆听"！

24.2　引蛇出洞及请君入瓮

细问的技巧很多，其实两点最关键。首先，是"引蛇出洞"，即引导客户表白心里话。

让客户多说的功用，是能够获得更多的资讯，用以分析形势。销售员应力主让客户多讲，并让其提供有关信息。比如说：

"你认为如何？""你觉得怎么样？"销售员可以用语言或表情，去鼓励客户多讲，不要令客户只答"对"与"错"，应该让他畅所欲言，只要触及对方的兴趣，他必定会侃侃而谈。

不过，有的时候要用完全相反的技巧，就是"请君入瓮"。这个技巧就是要引导客户的答案，要清楚得到"是"或"不是"的答复。这个方法在何时运用比较合适？当销售员需要客户澄清某一个观点时，比如问："你喜欢吗？""产品功能好吗？"得回来的答案应当是绝对的。在遇到疑虑时，可以"请君入瓮"的技巧得出结论，达成一致的协调。这个绝对性的答案，最适宜用来结束交易及获得订单。

所以说，"引蛇出洞"是开放问题（Opening Question），"请君入瓮"是收结问题（Closing Question），情景不同，方法不同。

再谈"供选择"，一旦与客户就商务问题达成一致，就可着手提供可能的解决方案。事实上，同一个问题通常有多个解决方法。销售员谨记，是客户选择你，不是你做选择。在谈话中要不断为客户提供选择机会，让他有选择的自由，一步一步让他看清每步的选择，这个过程千万别硬销。为客户提供选择，能够使客户感受到选择的权利并且享受了你为他提供的服务，明白你替他解决所需。

下一步是"定期望"，这个以前谈了。下面继续谈"答辩"、"成交"及"何日君再来"。

（二十五）销售心理战

销售九部曲的尾声是"答辩"、"成交"及"何日君再来"。销售员要懂得答辩，遇上客户的不同见解，不能单单以理争辩，应该先以心理战解决。交易成功以后，切忌一走了事，长久的关系才是销售员永恒的本钱。

销售过程中，销售员往往与客户产生不同的见解，客户没有反对意见是非常少有的，面对差异，如何自处？销售员应该把客户的反对意见视作潜在的购买信息。

25.1　潜在购买信息

比如说，一个打算置业的客户，在参观样板间时抱怨："厨房真的太小了！"这个怨言并不是负面的，反而是积极的，因为这句话里带着潜在的购买信息，表示顾客正需要一个面积较大的厨房。因此，这个反对的声音正反映着客户的需求，潜在的信息非常清晰，销售员可把握时机，从厨房的面积入手，慢慢商议。

事实上，销售员应当拥有敏锐的心神，能够辨别反对意见的不同：是属于心理上的，事实上的，还是两者结合？对不同的反对意见，销售员应有不同的解决办法。一般来说，销售员在面对客户的反对意见时，都会直接解决，凭借理论与对方争论，看图 25-1，就像要从 A 点直接跑到 B 点一样，以最短的时间最直接的途径解决。事实是 A 点与 B 点之间，存在着不可逾越的鸿沟，不能硬来。你要跟客户争辩，说明你是对的，那不就是说错的是他吗？这样只是想尽办法惹火，不是解决问题。所以，销售员理应以图 25-2 为参考，不以理性逻辑争辩，而以心理战把反对意见扭转，改变惯常的游戏方式，以开放的思路应对，最后才以理服人，可能更为奏效。

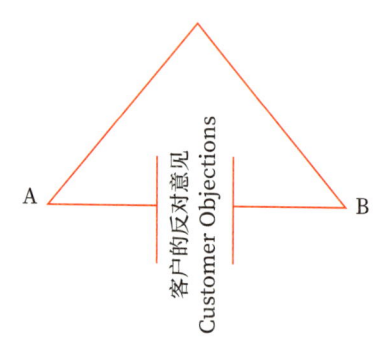

图 25-1　基本的销售过程之连接两点最短的路线不是一条直线

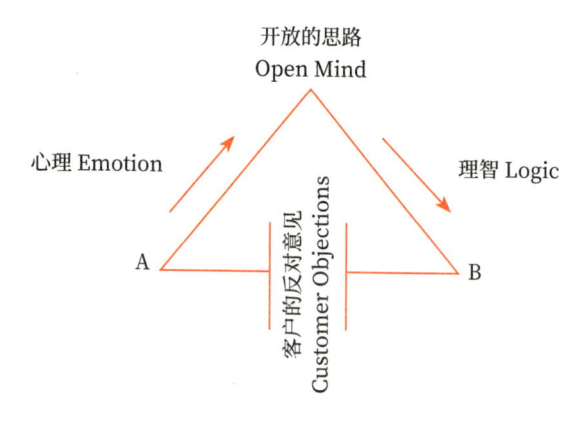

图 25-2　基本的销售过程之以心理战扭转反对意见

比如说一个女孩子，长期渴望男朋友跟她结婚，若年年如是催促，也可能不能如愿，倒不如把游戏规则突破，利用心理战术，说"不如我们分手吧"，男方可能立时警觉，匆匆求婚。

又比如说得夸张点，客户用鸡毛掸子打你，你应如何反应？你可以反过来抢下掸子，打起自己来，不争辩、只自责，这样不但打自己的力度更有分寸，还使对方一下子没有了目标，不知如何自处。一言以蔽之，讲道理不如打心理战。

25.2　销售后相见

磋商以后，要签订单，一定要销售员开口。请记住，要拿订单你必须开口向客人要，客人从来不会跟你说"我们谈了这么久，我们成交好不好"。销售员应当主动寻找购买信号，例如"这是我们需要的产品，但是价格太高""我需要更高的排名""我们必须早一点发布"。然后立即为客户解决这些问题，争取交易。当客户答应成交后，这个时候就是最危险最动荡的，因为一分钟未把合约签妥，一分钟就有变卦的风险，可能会出现咸鱼翻身、熟鸭会飞的难以置信的逆转。因此，很多销售员签了单离开后才安心，正如求婚成功后要公告天下一样。

交易成功后，与旧客户保持良好关系是销售关系中经常被忽略的部分，很多销售员在获得订单后就不见踪影，长远来说，最后将会失去这名客户。我们有多少次听到客户抱怨："销售代表拿到订单后就不见了！"其实，只要保持与旧客户的关系，旧客户再次签单的机会率（Renewal Rate）是非常大的；反之，要与新客户建立关系，就要花费更多功夫。

伍·个人篇

(二十六) 个人打天下

除了企业要打天下,你我一样,各有私自要闯的天下。一般人以为,埋头苦干,自能大展拳脚,其实这样难出头。

企业打天下有企业金字塔,个人打天下亦有个人金字塔(见图26-1)。最低层次为自己动手做,进一步是通过别人拿结果,

图26-1 个人打天下金字塔

最高层次自然是具备影响力。

26.1　埋头苦干难突破

一般打工的，都停留在金字塔的最底层，经常埋头埋脑干，企业中最多的就是这种人。这些员工需要一定的专业知识才能稳守岗位，譬如说销售员、编辑、工程师、会计师等。这些人之间，有的渐渐升上更高职位，坐上金字塔的中层，成为企业中部门小主管。于是，他们开始"通过别人拿结果"。

打个比方，一个顶尖销售员，因为业绩佳升级为销售经理，本来，他理应进入金字塔的第二层。不过，他每天只带领一班销售员四处抓生意，像表演一样在其他销售员面前跟客户谈合约，最后虽然成功取得订单，他的部下却没有亲自实践的机会。像这个销售经理一样，其他行业不少部门主管，就算本身具有卓越的专业知识，一旦升职管理下属，多数依然凡事亲力亲为，忘记了应该"通过别人拿结果"。

所谓"通过别人拿结果"，就是计划和执行。部门小主管应该有培训和发展人才的计划，然后通过授权执行管理。懂得通过别人得到结果，不仅可以避免浪费时间与精力自己上阵，还能把心思放在往金字塔最高层次推进的道路上。

26.2 让所有人争着为你效劳

个人打天下金字塔的最高层次，是"影响力"，亦即商业影响力。要让企业上下所有人争着为你效劳，这样的老板魅力，才是永恒。

有一次，一家中小企业的老板向我请教，希望我为他做业绩评估，找出企业久久不能扩张的原因。于是我到他的企业考察，在会议厅听他细说从头。可是，在短短的三小时会谈中，他说话时多次被打断。不出三分钟，他的员工就敲门入内，不是要老板签订单，就是请问老板大事琐事。老板更坦白相告，他平时忙得团团转，每年的确有假期，但就单单是年初一那一天，就算年三十晚也是最后一个离开办公室。当时我就明白了，他的企业并不需要业绩评估，而是老板需要学会"通过别人拿结果"。

企业老板假如有影响力，所有员工自然争着来帮助他，而他自己需要的，就是授权与分配。他腾出来的时间，就要用来把企业变成有使命的公司，感染其他人，让他们自动为达使命与目标而加入，成就老板的宏愿，这才叫打天下。

试看，古时君王谁不食客三千？君王的魅力，在于打天下之目标清晰，有志之士自然投怀送抱。

（二十七）通过别人拿结果

要从个人打天下金字塔往上爬，从"自己做"晋升至"通过别人拿结果"，是个重要关口，很多人往往停滞不前，久久不能越级，问题在于不懂授权与培训。以下谈两个案例。

先说冯先生。冯先生在2000年成立生产MP3的工厂，业务进展顺利，2004年，企业销售额已达一亿元人民币。冯先生是个领导者，有远大的目标，但管理不是他的专长，因此他把管理的责任交给太太代劳。不过，冯太太的工作量已达到极点，长此下去，终难负荷。问题出在哪里？

27.1　灭火 VS 消防

问题在于，当事人不擅长"通过别人拿结果"。冯太太本身非常能干，对每个部门都有一定的掌握，公司上下大大小小的事情她都能处理。这本来是好事，但反而成为她的负累。

她在企业中的角色就像蜘蛛一样，八爪并用，哪个部门出了岔子，她就出手相助。结果，冯太太基本上做了一个救火员，到处灭火，只因公司业务发展得很快，不断有火头，她根本没时间去做防火的工作，只好一直不停地做下去。因此，上至冯太太下至部门主管，每个人都不能离开岗位，因为一旦放手，企业上下的运作便会瘫痪。

冯先生企业的关键问题在于，公司发展得很快，但运作系统跟不上。企业在做目标、考核、奖赏处罚、员工培训、发展及鼓励等重要的事情上没有足够的前瞻性，特别是生意好的时候，问题便暴露出来。事实上，有才能的人并不一定要凡事亲力亲为，反而应该训练合适的员工为自己打天下。

27.2 提升影响力

阿里巴巴电子商务网站有一个顶尖销售员，他是另一个例子。他过去数年，每年都是全企业排名前三的顶尖销售员，而销售额更翻了几番，以数倍计增长。他跟我谈及怎样可以更成功。

作为出色的销售员，他非常乐意亲力亲为，当业务蒸蒸日上时，公司替他聘请助手帮忙。一方面，他自己依然四处接见客户，一方面，他吩咐助手替他安排约会时间表。后来，他的生意愈做愈好，买了一辆车，由助手当司机，到中小企洽谈生意时，自然给客户一个良好印象。到目前为止，他仍停留在"自己做"的层次。

当谈到如何可以更上一层楼时，我建议他多聘用几名助手，并开始培训他们，授权他们去接见客户。安排可以是这样的，先由助手接触客户，介绍产品，由他们筛选有诚意的潜在客户，并定时发信息问候及据此做一般性的市场推广工作。到时机成熟，再由自己做最后冲刺，成功机会自然大，一般都能把订单接到手。用这个方法，在上位的既能不做"低附加值"的琐事，腾出时间，亦能同时令助手增值，有机会发挥。

举一反三，他即时了解到"通过别人拿结果"的道理，于是问支持助手的方法。就是亦替助手买来二手车，让助手也有机会体体面面地去见客户，渐渐地也成为阿里巴巴的顶级销售员。

他的最高境界是什么？就是企业的销售员都主动来要求当他的助手，争相投到他的门下，这样他就可以成就永远的不败，成为最成功的销售员，最后攀到个人打天下金字塔的顶端——影响力。

以上两个例子，分别说明了企业和个人都可以借着"通过别人拿结果"，解决问题，赖以成功。

（二十八）善用个人时间

领袖日理万机，忙得不可开交似乎理所当然，事实上，事情有轻重缓急之分，若处理合宜，不但不用慨叹时间不够用，还可以把长远的计划安排妥当。

每天早上面对大堆大堆有待处理的业务，如何下手？所有要处理的事件实际上可划分为四大类，请参看图28-1。

图 28-1 事件的分类示意图

28.1 不紧急才重要

普通人每天到办公室先做的，大多是第一类事情——紧急却不重要的。比如打开电子邮箱查阅电子邮件，同事走到你的办公桌前谈谈琐事，收收传真、拆拆信、听电话等，都是反应式（Reactive）的小事，这些事务只会打断及扰乱工作计划，让工作不能按部就班。

第二类是不紧急且不重要的，这些事不干也罢。

第三类，重要且紧急的，这些也许就是你天天干的事情。这些事可能是限期迫近或不可再拖，总之是十万火急，就像发生火警要立即救火一样，当下即要搞清的，大部分人会花掉每天百分之八十的时间处理这些业务（见图28-2）。

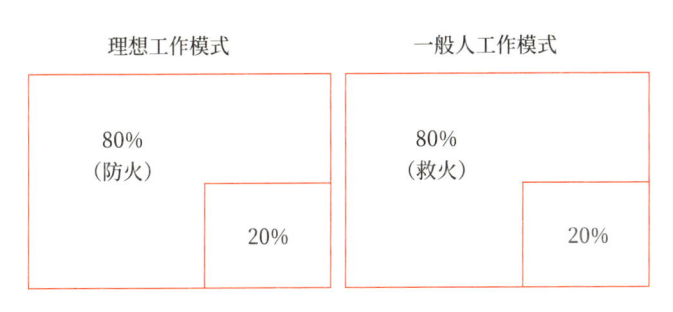

```
理想工作模式              一般人工作模式

 80%                      80%
（防火）                  （救火）
           20%                       20%
```

图 28-2　两种不同的工作模式示意图

以金字塔来说明（见图28-3），销售员每月也非常着急地应付金字塔顶的任务，假若销售额不够，那个月的收入就会泡汤。他们只急着应付这些当务之急，而忽略了金字塔中间和底部的事务，包括做客户储备和最基础的长远发展计划。

高明的领袖所用心的，是第四类重要却不紧急的事，这些事不是急在眉端的，但它们是有策略性、战略性及方向性的，是前瞻性的长远计划。高明的领袖应花百分之八十的时间做防火工作，做长远发展计划，只花百分之二十的时间做不能避免的救火的工作。

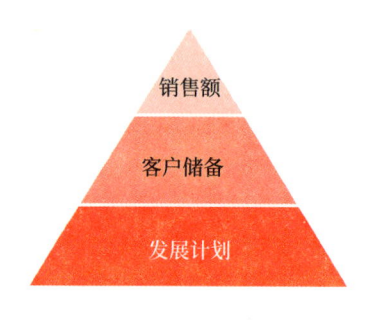

图 28-3　销售员金字塔

若经常花时间处理第一类事情，就没有时间兼顾第三类工作；相反，只要花时间在第四类事情，第三类工作自然减少。

28.2　思考长远方向

对企业来说，不少中小企只拼命把眼前的第三类事情办妥，却没有放置心神在长远、不紧急却异常重要的策略上，最后，市场可能一夜之间被竞争对手占领了。对个人而言，只着眼于眼前糊口的生计（第三类），或浪费金钱在短暂的享受上（第一类），而忘却长远的进修、20年后的事业发展等（第四类），就是没有策略。无论是个人或领袖，都应该分清轻重缓急。

比如说，我在伦敦修读工商管理硕士学位时，初期花了大部分时间在应付教授每天布置的个案研读上，结果通宵达旦未有读完。后来我开始懂得选择，只选有兴趣的个案来读，起码在课堂上对熟悉的个案有所理解。不过，我发现其他同学以小组讨论形式分工研读个案，成绩更佳。他们掌握的，不是应付眼前难题，而是长远地革新读书方法。

因此，所谓重要却不紧急的事，就是思考发展方向，这里重要的是改变。不错，要有大改变可能是危险的、痛苦的，可能会扰乱秩序，但是必须的，因为改变能救你的命。相反，不改变是舒适的，每天做轻车熟路的事、安于现状。不过，不改变可能更危险，甚至能杀死你。

（二十九）个人提升的 S 曲线

经常有人问：如何把握投资时机？这是个好问题。投资其实不难，难在何时出击，何时收手。针对个人而言，同样需要投资，个人的提升有助将来发展，但何时出击？关于这点，S 曲线最有参考价值。

S 曲线的理论认为，无论个人或企业，在漫漫人生或企业路途上，总有起有落，要保持节节上升，不徘徊于低处的认识或事业，需要在不同时机进行投资。个人可以进修，企业可以再培训员工、投入资金等。只要在发展过程中不断投资，那么整个人生必然是步步高升的，而企业亦必然是维持高回报高收入的。可是，在何时做出投资呢？这往往就是个人或企业所不能掌握的问题，很多人很多企业，错就错在于不适当的时候投资。S 曲线图可清楚显示未来要继续维持高速增长，就必须在到达下一个高峰之前投资，这样才能持续步向另一个高峰。

29.1　好景时投资

先看图 29-1。个人与企业的 S 曲线非常相像。以个人的人生为例，出生时父母照顾和教育，就像投入期（Incubation Phase）一样，是投资的行为，曲线于负数徘徊。到大学毕业

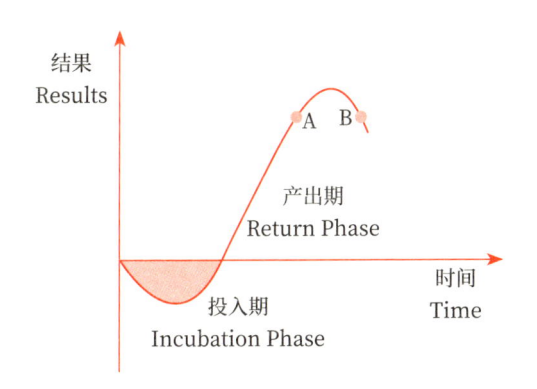

图 29-1　S 曲线示意图

了，就进入产出期（Return Phase），回报开始出现，曲线开始缓缓上升。不过，回报不一定是永远向上的，人生总有高峰有低谷，曲线到了 A 点，跨过高峰以后就来到 B 点，跟着回报就开始下滑。

企业的情况一样，开发新产品之际，先是无回报地投入资本及精力，不停研发、没有生产。直到研制成功，产品面市，开始进入产出期，事业亦开始走上正轨，渐渐有收益。不过，当高峰过后，回报率自然降低，回报到达 B 点以后，很快就会下落。

如何防止曲线无止境地下滑？答案是，在 A 点的时候就得投资。在人生还在上扬、企业还处于好景时，就要再投资。

请看图 29-2。当人生或企业的发展稳步上扬之际，即 A 点的位置，就应该再次投资，包括个人的进修、企业的培训与发展等。投资开始时是没有回报，反而需要付出代价的，因此，在个人或企业仍处于高位之时再投资，就把付出的代价抵消了。可以说，当时是仍有本钱投资的。

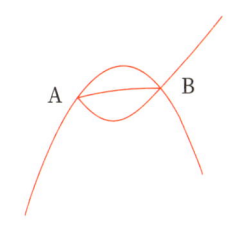

图 29-2　在适当时机投资的 S 曲线示意图

从图 29-2 看，假如在 A 点不投资，曲线会渐渐跌破 B 点，在没有再投入新资源的情况下，个人或企业发展只会继续走下坡。不过，假若在 A 点已做投资，由于仍有进展优势，投放的资源有所支持，最后互相抵消以后，发展会由 A 点通过水平线慢慢来到 B 点，不会忽然跌到谷底。

29.2　投资不能救亡

现在看图 29-3。这是不少个人或企业经常犯错的情况——在下滑的时候才开始投资。根据上面所言，人生或企业来到 B 点，其实已经是大势已去，陷入低潮的先兆。现实是不少个人或企业，在面向低潮之时，才猛然觉醒，急急投资。其实，投资是需要付出代价的，当 S 曲线向下滑之时，仍要付出代价进行投资，只会白白给本已向下的形势增加压力，加速下滑。

这一个下跌，可能一下就把曲线拉得低低的，要重新上路再创新峰，比起在 A 点投资就难得多了。

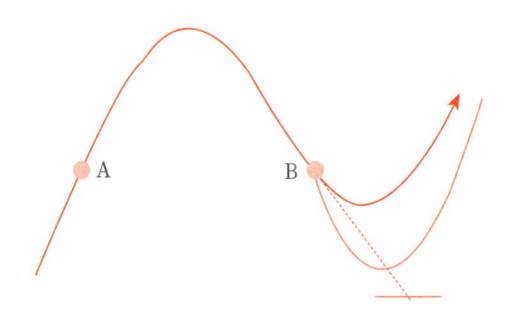

图 29-3　在不当时机投资的 S 曲线示意图

在 A 点投资的人很快就能扯平，快快回到 B 点来。但在 B 点才投资的，一跌就跌破 B 点了。与长期在 A 点做出投资的竞争者相比，在 B 点投资的吃力不讨好，久久落后于他人。

整体来说，经常在 A 点投资的，不论个人或企业，整条发展曲线是稳定地近乎直立地上扬的，而在 B 点投资的，最乐观的也只是平平地斜斜地向上而已。

因此，要保持优势，就要精明地投资，这个需要的，是眼光与勇气。

（三十）不要贱卖自己

多数人找工作都看薪酬，只投靠发薪最高的企业。事实上，选择工作，不应单计较当下或将来的薪酬，还得顾及工作满意度及个人发展机会，最后才能取得个人天下。因此，诸君切忌只向钱看，贱卖自己。

我们每天花八至十小时在工作上，总的算起来，工作时间大约占了人生的三分之一，假若工作不愉快，那人生还有意义吗？很多人误认为，一家企业给予员工的，就是薪酬，其实，企业所能提供的，远超于此。

30.1 三明治比例

每个人在事业发展上考虑的因素，除了现金（Cash），包括现在及将来的所需，其实还有工作满意度（Job Satisfaction）和个人发展（Development），就像三明治。（见图 30-1）

| 工作满意度
Job Satisfaction | 现金 Cash
现在　将来
Now　Future | 个人发展
Development |

图 30-1　个人在事业发展上考虑的因素

在年轻的时候，工作满意度及个人发展可能占的比重大一点，像图 30-2 的第一行那样。但在人生某些阶段，现金的需求也许较大，图 30-2 的 2~4 行正是如是。不过，当事业发展到一定程度，工作满意度及个人的发展再次成为重要的考虑因素，图中的第 5~7 行可见。到年老时，正如图中最末一行，人生的追求也许不再是金钱，而是其他方面的平衡。

工作满意度	现金：现在/将来	个人发展

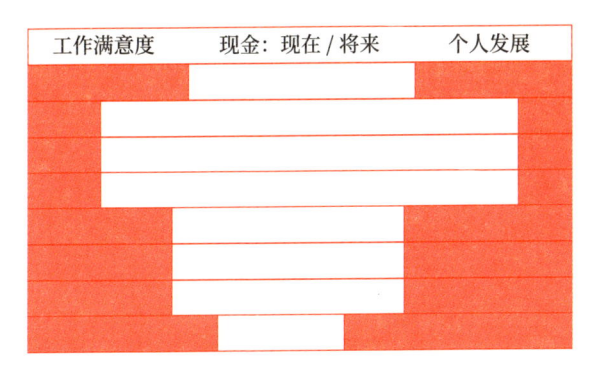

图 30-2　人生不同阶段在事业发展上考虑的因素

整体来说，金钱在人生不同阶段重要性不同，不过可以肯定的是，工作满意度是工作中一项非常重要的因素。工作满意度由价值观推动，工作环境如战场，假如有价值观推动，在战场上充满士气与雄心，那么打天下必然顺遂。

30.2　御前带刀侍卫

有一名女子一天跑来阿里巴巴应聘，她说假若在阿里巴巴上班就不用天天带刀枪上阵。我问她究竟，才知原来这女子在原来的企业薪资很高，不过由于企业内讧，天天都有人事斗争，因此像带枪上阵般每天严阵以待，像御前带刀侍卫一样，工作极其不快乐。她听说阿里巴巴有目标有使命，同事团队精神高昂，因此宁愿从零开始，寻找理想工作环境。这个个案说明，工作满意度有时可能比现金占的比重更大，往往超过三明治比重的三分之一。

工作满意度是每天看得见的，每天上班下班，喜欢与否就是工作满意度。有朋友说，当她回想自己的转工经历时，发现转工前的一段日子，往往总是她天天不愿上班的时候。可以说，你愿意不愿意上班，就是你的工作满意度指标。而个人发展，则是指通过培训及经验，在事业路途上获得的晋升机会及成就。看图30-3，一个普通销售员升至地区主管，再至省级主管甚至全国主管，并非一朝一夕之功，而是需要通过企业给予的培训及激励来实现的。

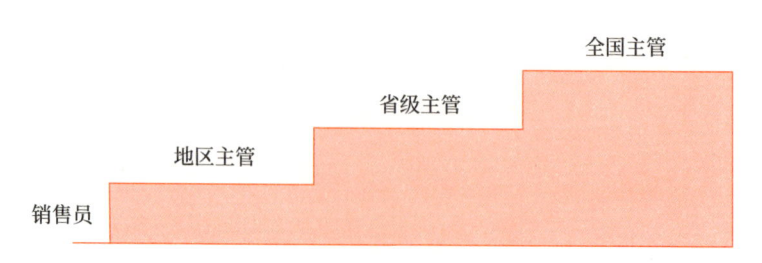

图 30-3 普通销售员的晋升之路

因此，员工在寻找或转换工作时，不能单单以三明治中"现金"的"现在"部分——薪酬作为指标，还要考虑"现金"的"将来"部分，即企业的股份等。还有，更重要的东西是金钱不能买来的，包括工作满意度及个人发展。假若在一家企业工作需要用 80% 的时间应付办公室政治，只有 20% 的时间干实事，或者是看不见将来，没有个人发展空间，那么，眼前的金钱并不中用，若单单向这短期的现金折腰，那未免是贱卖自己。

以上说明，单单金钱，不能取天下。

陆·总结篇

(三十一) 选择的自由

经常有人问:"若做生意是为赚钱,赚多少才够?"这是个发人深思的问题。这里一直在谈的打天下,希望诸位读者察觉,并不单纯谈赚钱,所谓打天下,涵义广得多。打天下成功的,永远不是只谈钱的企业家,他们必须是优才(Talent)。

你眼前放着两份现金,一份是1亿元,一份是10亿元,你会取哪一份?很多人会抢答:"一定是两份都取!"是的,对金钱的欲望,有人是永无止境的。

31.1　10 亿还是 1 亿

不过，优才的眼光更长远。假若企业做生意只是为了赚钱，那么员工只是赚钱工具，他们今日可帮你赚钱，明日也可跳槽过档。打天下的，不单谈钱，更谈目标。

阿里巴巴电子商务网站有一名顶级销售员，一个年头取得 750 万元人民币销售额，单是分得的佣金就有 100 多万元，简直是高兴极了。但他却说，今年他是顶尖销售员，明年呢，他其实跟其他所有销售员一样，销售额从零开始，新一年有新目标。

企业也一样，只谈钱的，员工如流水，频频过档。企业的目标、使命及价值观是有其功能的，企业文化有其重要性，而领袖的文化往往是企业的文化。只有企业文化，才可留住人才。

当然，有钱跟没钱是有分别的，分别在哪里呢？在于有没有选择的自由（Freedom of Choice）。用上面的例子谈，若你问我取 1 亿还是 10 亿，我必然回答 "1 亿"。不是骗人，我的理由很简单——我珍惜目前的生活方式。譬如说，著名富豪上街，必惹来记者媒体追访，而我呢，目前还可以享受一个人在街上闲逛的惬意。如果10亿元只为我带来负面效果，1亿元已经足够。金钱为我带来的，是选择的自由，我可以选择我的生活方式、工作兴趣及业余爱好。

31.2 自己可以决定一切

有一位朋友事业有成，退休两年后忽然告诉我，这两年内完全不知道自己可以做什么，后来终于想通了，原来就是自己可以决定自己的事。他说，在他五十多年的岁月里，小时听父母的话、上学从老师、上班依老板，就是自己做生意，也为股东服务。正式退休的那一天，他开始觉得十分空虚。花了两年时间，才发觉自由的可贵，不用打工，就不用从命于人，过去五十多年，就是学会了如何听命于人，现在重要的是天天不用去从命。这就是选择的自由。

有的人要求比较低，以数十万买幢房子，住在里面，又在附近多买一幢用来收租，这样就十分满足。有的人更简单，茅庐一所，可终一生。如果对金钱的要求高一点，那么每年要赚取的自然较多。实现有选择的自由的人，往往会为自己定下一个多元化的发展方向（Portfolio Career Development），如图31-1，把私人时间、投资、兴趣、回馈社会等价值取向一一写下，清楚自己的愿望方向，为自己选好要走的路，这就是所谓愿有多大，路有多长。

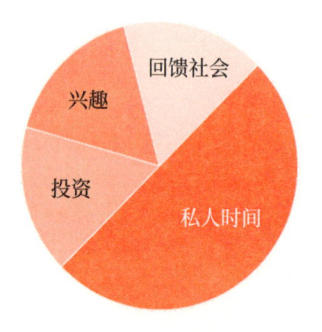

图 31-1　个人多元化发展方向示意图

（三十二）愿有多大，路有多长

至此，已下笔30余篇。且以本篇做一小结，总结过去所谈的企管理论，精论企业打天下与个人打天下之要求，让诸君略回顾，再前看。

企业打天下，不能单纯谈赚钱。要有更高层次的企业目标、使命与价值观，才能招来贤士卖命。

32.1 打正旗号的目标

愿有多大，路有多长。不论成功的企业抑或个人，先要问

"目标是什么？"根据耶鲁大学的一项研究，愈把目标清晰表达的，成功达标的机会愈大。耶鲁大学从1952年开始跟进一班毕业生，查问学生有没有把事业的目标写下来，然后在20年后，即1972年时再度跟进每个个案。结果发现，没有清晰目标、当然亦没有把目标写下来的毕业生，20年后事业发展基本上和一般耶鲁大学毕业生看齐。不过，当年已经拥有清晰目标，只是没有把目标记下来的毕业生，比上述的那组人成就更高，在各个指标上成就高出一倍。而少数拥有明确目标，同时把目标写下来的，成就更是前两组毕业生的十倍。因此，确立清晰目标是十分重要的，只要拥有目标与使命，就能感染身边的人为你效命。

阿里巴巴电子商务网站有非常明晰的目标，就是"成为一家持续发展102年的企业""成为全球十大网站之一""只要是商人就一定要用阿里巴巴"。阿里巴巴的使命是"让天下没有难做的生意"。阿里巴巴附属的阿里学院亦有独特的目标，就是"与客户一起成长""打造中国土老板的学院"，使命是"让天下没有学不到的东西"。这些目标与使命不是说说算，而是白纸黑字、打正旗号的鲜明方向，只要写下来，自能团结上下之心，广招贤士。

32.2　价值观奖赏制

价值观亦然，必须十分清晰全透明公开让企业员工得悉。阿里巴巴的"独孤九剑"标明员工要激情、创新、教学相长、开放、简易、群策群力、专注、重质量、客户第一。"六脉神剑"则要客户第一、重团队、拥抱变化、有激情、敬业及诚信。价值观是游戏规则，它指明方向，并营造企业文化。根据这些价值观，企业要把员工分清，奖励"明星"、惩罚"野狗"。

关于认清企业的目标、使命及价值观，跨出第一步是最难的。第一步，你必须把这些观念写下来；第二步，你必须在组织内广为传达；第三步，你必须通过这些去改变组织内每个人的行为。有一些要点可以帮助达成这三部曲。首先，领袖要高温传热，领袖要极度高温，才有能量把这些观念传递下去。其次，领袖一定要以身作则，譬如说，企业价值观是对人尊重，那么领袖理应从上至下，尊重每一个员工。接着，要执行这些观念，必定要持之以恒，要不停实践，绝不能停下来。最后，必须行之有信，要公正持平，不能偏颇。

谨以西汉刘邦的《大风歌》做这本书的小结，与一众打天下之贤才切磋共勉：

> 大风起兮云飞扬，
> 威加海内兮归故乡。
> 安得猛士兮守四方？